Les meilleures recettes contre l'hypertension

Paul Gayler et Gemma Heiser

Les meilleures recettes contre l'hypertension

Photographies par Will Heap

Traduit de l'anglais par Élisa-Line Montigny

Guy Saint-Jean
ÉDITEUR

Catalogage avant publication de Bibliothèque et Archives nationales du Québec et Bibliothèque et Archives Canada
Gayler, Paul
Les meilleures recettes contre l'hypertension
Traduction de: Healthy eating for lower blood pressure.
Comprend un index.
ISBN 978-2-89455-371-8
1. Hypertension artérielle - Diétothérapie - Recettes. 2. Régimes déchlorurés - Recettes. 3. Hypertension artérielle. I. Heiser, Gemma. II. Titre.
RC685.H8G3914 2011 641.5'6323 C2010-941850-6

Nous reconnaissons l'aide financière du gouvernement du Canada par l'entremise du Programme d'Aide au Développement de l'Industrie de l'Édition (PADIÉ) ainsi que celle de la SODEC pour nos activités d'édition.

Patrimoine canadien Canadian Heritage Canada Société de développement des entreprises culturelles Québec

Gouvernement du Québec – Programme de crédit d'impôt pour l'édition de livres – Gestion SODEC

Publié originalement en Grande-Bretagne, en 2010, par Kyle Cathie Limited, 23 Howland Street, Londres W1T 4AY. www.kylecathie.com

Rédaction: Judith Hannam
Conception: geoffhayes@mac.com
Révision: Debra Stottor
Correction d'épreuves: Gill Lange
Index: Peter Lange
Photographie: Will Heap
Conseillères en économie domestique: Linda Tubby
Accessoires: Roisin Nield
Production: Gemma John
Pré-presse: SC (Sang Choy) International Pte Ltd

Infographie: Olivier Lasser et Amélie Barrette
Traduction: Élisa-Line Montigny
Révision: Jeanne Lacroix

Dépôt légal — Bibliothèque et Archives nationales du Québec, Bibliothèque et Archives Canada, 2011
ISBN: 978-2-89455-371-8

Distribution et diffusion
Amérique: Prologue
France: De Borée
Belgique: La Caravelle S.A.
Suisse: Transat S.A.

Guy Saint -Jean Éditeur inc., 3154, boul. Industriel, Laval (Québec) Canada, H7L 4P7. 450 663-1777.
Courriel: info@saint-jeanediteur.com • Web: www.saint-jeanediteur.com

Guy Saint -Jean Éditeur France, 30-32, rue de Lappe, 75011 Paris, France. (9) 50 76 40 28.
Courriel: gsj.editeur@free.fr

Imprimé à Singapour

Dédicace
Cet ouvrage s'adresse à tous ceux parmi vous qui souffrent d'hypertension mais qui aiment bien manger.
Bonne santé et bon appétit!

Table des matières

Avant-propos

L'hypertension fait partie des problèmes de santé les plus pressants des temps modernes. On estime qu'environ le tiers des personnes qui en souffrent l'ignorent. Être sensibilisé est la première étape essentielle à franchir: si vous savez que vous faites de l'hypertension ou que vous risquez d'en faire, il y a des gestes concrets que vous pouvez faire. Si vous avez eu un diagnostic d'hypertension et devez prendre des médicaments pour la contrer, prenez-les. Gardez aussi à l'esprit que votre mode de vie a une incidence majeure sur votre santé. Une mauvaise alimentation et une surconsommation de sel sont des causes importantes d'hypertension, et changer votre alimentation peut baisser votre pression artérielle de façon radicale.

En suivant les conseils et les recettes de ce livre, vous réussirez à modifier votre alimentation de manière à baisser votre pression artérielle, sans pour autant perdre le plaisir de manger. Une simple «remise à niveau» de vos papilles gustatives vous permettra de diminuer votre consommation de sel et le fait d'ajouter plus de fruits et de légumes à votre alimentation pour satisfaire ou dépasser votre cible de «5 portions par jour» réduira considérablement votre risque de subir un AVC ou une maladie cardiaque. Accroître la quantité d'aliments riches en potassium qui composent vos menus aura aussi une incidence directe sur votre pression artérielle.

Si vous avez reçu un diagnostic d'hypertension, le présent livre vous aidera à la contrôler. Appliquez-en les conseils et suivez-en les recettes et vous remarquerez une différence.

Michael Rich
Blood Pressure Association

Le mot du chef

Comptez-vous parmi ces gens qui croient que les aliments santé ne peuvent pas avoir bon goût? Est-ce que l'idée même de manger santé vous donne de l'urticaire et évoque des images de plats sans goût et sans intérêt?

Malheureusement, manger sainement est souvent associé aux innombrables et fort malsaines diètes miracles. À mon sens, les diètes, ça n'existe pas; il faut plutôt parler de changement de style de vie.

En tant que chef, j'adore cuisiner et bien manger. Je sais qu'une alimentation saine n'est pas synonyme d'une alimentation ennuyante. Manger fait partie des grands plaisirs de la vie, et des aliments sains devraient être aussi agréables à consommer que n'importe quels autres.

Or, il nous est parfois difficile d'apporter des changements à notre mode de vie et à nos habitudes alimentaires. Nous savons que nous devrions et pouvons manger mieux, mais la tâche semble parfois trop ardue. Par où commencer?

Toute personne peut bénéficier d'une alimentation saine, en particulier celles qui font de l'hypertension. Les aliments que vous consommez peuvent vraiment augmenter votre risque de faire de l'hypertension; un régime alimentaire sain peut à la fois réduire ce risque et baisser une pression artérielle déjà trop élevée.

Quelles mesures devons-nous prendre pour réussir à manger plus sainement?
Il suffit de changer ses habitudes alimentaires, utiliser différentes méthodes de cuisson et comprendre comment tirer le maximum de la saveur des aliments. Nous devons aussi être conscients du danger de certains aliments, surtout ceux à teneur élevée en sel, en gras saturés et additionnés de sucre, et les réserver pour les occasions spéciales. Rien ne nous oblige à éliminer entièrement des aliments qui nous plaisent! Tout est question d'équilibre.

Il faut d'abord tirer profit de l'étonnante variété d'ingrédients sains qui sont mis à notre disposition et que nous devrions consommer davantage. Plusieurs types de poissons frais, des fruits et des légumes sont autant d'aliments nutritifs pour varier notre menu quotidien et ajouter des plats goûteux et exotiques à notre répertoire. Apportez d'abord de petits changements faciles à faire et à respecter à vos habitudes alimentaires; même les changements les plus modestes feront une différence.

Réduisez votre consommation d'aliments riches en gras saturés, en sucre et en calories. Optez pour des viandes plus maigres, comme le poulet faible en gras ou le poisson, et une abondance de fruits et de légumes, et réduisez votre consommation de sel en cuisinant avec des épices et des agents aromatisants, pour obtenir des plats étonnamment savoureux.

Le présent ouvrage vise à vous informer et à vous inciter à faire l'essai de nouveaux aliments, tout en améliorant votre santé; il vous offre plusieurs options alléchantes, dont les plats fades et ennuyeux ne font pas partie.

Pour conclure, n'oubliez pas qu'il faut un certain temps avant de s'adapter à de nouvelles choses. Faites preuve de patience et changez votre alimentation graduellement si c'est plus facile pour vous. Mangez équilibré, faites des choix éclairés en tout temps, qu'il s'agisse d'une collation ou d'un repas planifié.

Surtout, évitez de trop analyser votre alimentation. Cela risquerait de vous enlever tout le plaisir de manger. Mangez bien et vous vous sentirez mieux.

Bonne santé et bon appétit!

Paul

Introduction

L'hypertension est la cause principale d'invalidité et de mort précoce découlant d'AVC et de maladies cardiaques en Occident. Environ un adulte sur trois souffre d'hypertension et, chaque jour, des milliers de personnes à travers le monde sont victimes d'un AVC ou d'une crise cardiaque qui aurait peut-être pu être évitée. L'hypertension augmente aussi le risque de maladies rénales, oculaires, de démence et autres problèmes de santé.

Si votre pression artérielle est élevée, il existe de nombreuses mesures efficaces pour la baisser et la maintenir ainsi. Quelques changements simples apportés à vos habitudes de vie peuvent réellement avoir une incidence favorable sur votre pression artérielle et ainsi vous éviter d'autres problèmes de santé.

Même si vous ne souffrez pas d'hypertension, votre pression artérielle doit être maintenue à son plus faible niveau. Plus votre pression artérielle est faible, moins vos risques d'avoir des problèmes de santé plus tard sont élevés. Le présent ouvrage vous indiquera comment y arriver.

À propos de la pression artérielle

Lorsque votre cœur bat, il envoie du sang partout dans votre corps pour lui fournir l'énergie et l'oxygène dont il a besoin. Pendant que le sang circule, il exerce une pression sur les parois de vos vaisseaux sanguins. La puissance de cette poussée s'appelle la pression artérielle.

Une pression artérielle trop élevée met votre corps à rude épreuve. Au bout de plusieurs mois et plusieurs années, cette pression supplémentaire cause des dommages à votre cœur et à vos vaisseaux sanguins, ce qui en retour multiplie vos risques de subir un AVC ou une crise cardiaque.
La pression sanguine se mesure en millimètres de mercure, ou mm HG et s'exprime par deux valeurs, par exemple 120/80 mm HG. Les deux nombres indiquent la pression la plus élevée ainsi que la plus faible dans vos vaisseaux:

- Le premier nombre est votre pression systolique. Il s'agit du niveau le plus élevé atteint par votre pression sanguine au moment où votre cœur bat.
- Le second nombre est votre pression diastolique. Il s'agit du niveau le plus faible atteint par votre pression sanguine entre deux battements.

Ces deux nombres sont très importants: plus ils sont élevés, plus le risque que vous éprouviez des problèmes de santé dans l'avenir est élevé aussi.

QUE SIGNIFIENT LES NOMBRES DE MA PRESSION SANGUINE?

Reportez-vous à la figure 1 pour savoir ce que vos mesures signifient. Trouvez votre pression systolique (valeur la plus élevée) dans la partie de gauche du tableau et regardez les nombres vers la droite. Trouvez votre pression diastolique (valeur la plus basse) dans la partie inférieure du tableau et regardez les nombres vers le haut. Leur point de rencontre constitue votre pression artérielle.

Figure 1

QUELLE DEVRAIT ÊTRE MA PRESSION SANGUINE?

Vous pouvez constater par la figure 1 qu'une pression artérielle de 120/80 ou moins (mais pas moins de 90/60, signe probable d'hypotension) est considérée saine. Une pression artérielle plus faible exerce moins de pression sur votre cœur et vos vaisseaux sanguins, ce qui réduit votre risque d'avoir des problèmes de santé.

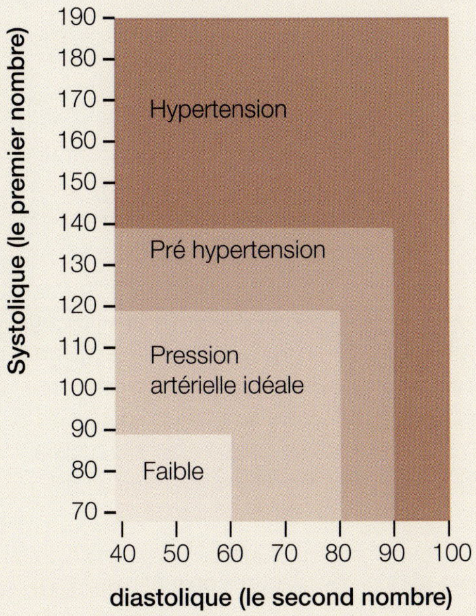

Une personne dont la pression artérielle est de 115/75 court 50 % moins de risque d'être victime d'un AVC ou d'une crise cardiaque qu'une personne dont la pression artérielle est de 135/85.

Si votre pression artérielle est de 140/90 ou plus, vous faites peut-être de l'hypertension. Consultez votre médecin pour établir un plan d'action.

CONNAISSEZ VOTRE ÉTAT DE SANTÉ

L'hypertension ne s'accompagne habituellement d'aucun symptôme. Bon nombre de personnes qui font de l'hypertension ne le savent pas; comme elles se sentent bien, elles ne pensent pas à faire vérifier leur pression artérielle. Faire vérifier sa pression est facile, indolore et vous donne la chance de prendre des mesures préventives avant qu'il ne soit trop tard.

Tous les adultes devraient faire vérifier leur pression artérielle au moins tous les cinq ans. Si vous faites de l'hypertension, ou que vos valeurs sont plus élevées qu'elles ne le devraient,

Tableau 1: Ce que signifient les valeurs de votre pression sanguine

Votre lecture	Ce que ça signifie	Que faire maintenant
90/60 ou inférieur	Vous faites peut-être de l'hypotension	Consultez votre médecin
91/61 à 120/80	Votre pression artérielle est idéale	Suivez les conseils en fait d'alimentation et de mode de vie du présent livre pour vous aider à maintenir ce niveau idéal
121/81 à 129/84	Votre pression artérielle est un peu élevée	Essayez de la faire baisser; suivez les conseils en fait d'alimentation et de mode de vie du présent livre
130/85 à 139/89	Votre pression artérielle est plus élevée qu'elle ne devrait l'être et risque de devenir de l'hypertension	Essayez de baisser votre pression artérielle autant que possible; suivez les conseils en fait d'alimentation et de mode de vie du présent livre
140/90 ou supérieur	Vous faites peut-être de l'hypertension	Consultez votre médecin pour obtenir des conseils. Suivez les conseils en fait d'alimentation et de mode de vie du présent livre

faites-la vérifier plus souvent. Votre médecin ou votre infirmière vous conseillera.

L'hypertension

Le diagnostic
Une seule lecture de 140/90 ou plus ne signifie pas nécessairement que vous faites de l'hypertension. Certains facteurs peuvent avoir une incidence sur votre pression artérielle; votre médecin effectuera donc plusieurs lectures à différents moments pour voir si elle demeure élevée. Si elle se situe toujours à 140/90 ou plus, votre médecin posera un diagnostic d'hypertension; il fera de même si une seule de vos mesures est constamment plus élevée qu'elle ne le devrait. Par exemple, si votre pression artérielle est de 145/85 et que seule votre valeur du haut (pression systolique) est plus élevée.

Les causes
Dans quelques rares cas (environ cinq pour cent), l'hypertension est causée par un problème de santé sous-jacent qui, une fois traité, peut ramener la pression artérielle à son niveau normal. Votre médecin effectuera quelques tests simples pour exclure la présence de tels problèmes.

Or, pour la majorité des gens, l'hypertension a plusieurs causes; certains facteurs liés au style de vie augmentent le risque de faire de l'hypertension, notamment:

- La surconsommation de sel
- Une consommation insuffisante de fruits et de légumes
- L'embonpoint
- Le manque d'exercice physique
- Une consommation abusive d'alcool

D'autres facteurs hors de votre contrôle peuvent aussi augmenter votre risque de développer l'affection, par exemple s'il y a des antécédents d'hypertension dans votre famille, si vous êtes d'origine africaine des Antilles ou de l'Asie du Sud, ou si vous prenez de l'âge (car les effets d'un mode de vie malsain s'accumulent au fil des années).

Le traitement
Dans le cas des gens qui font de l'hypertension, il faut habituellement viser 140/85 ou moins. Mais si vous avez d'autres problèmes de santé comme une maladie rénale ou un diabète, ou si vous avez eu un AVC ou une crise cardiaque, votre médecin ou votre infirmière vous conseillera peut-être de viser plus bas.

Si vous faites de l'hypertension, ou que votre pression artérielle est plus élevée qu'elle devrait l'être, vous pourriez la ramener à un niveau plus sain en apportant certains changements à votre alimentation et à votre mode de vie. Or, parfois, ces changements ne suffisent pas. Si c'est votre cas, il vous faudra peut-être aussi prendre des médicaments; ce sera peut-être également le cas si vous êtes à risque d'avoir un AVC ou une crise cardiaque parce que, par exemple, vous fumez ou que vous avez des antécédents familiaux de maladie cardiaque.

Même si vous prenez des médicaments contre l'hypertension, vous pouvez changer votre alimentation et vos habitudes de vie, et ainsi augmenter l'efficacité de vos médicaments et moins vous exposer à des problèmes de santé dans le futur.

Faits à retenir

- Non traitée, l'hypertension augmente le risque d'AVC et de crise cardiaque
- Le fait de baisser votre pression artérielle autant que possible réduit le risque de problèmes de santé dans le futur
- Pour y arriver, il s'agit de changer votre alimentation et vos habitudes de vie et de prendre des médicaments si vous en avez besoin

Une alimentation saine et équilibrée

Avoir une alimentation saine et équilibrée est avantageux pour tout le monde, mais c'est encore plus important si vous faites de l'hypertension. S'alimenter sainement et de façon équilibrée est important pour l'avenir mais peut contribuer, aussi à court terme, à un sentiment de bien-être.

UN RÉGIME ÉQUILIBRÉ

Une alimentation saine et équilibrée est composée de:

- Environ 1/3 de fruits et légumes
- Environ 1/3 de féculents
- Des quantités modérées de viandes maigres, de poisson, d'œufs et autres protéines
- Des quantités modérées de lait et de produits laitiers ou substituts
- Des quantités limitées d'aliments à teneur élevée en sel, en gras saturés ou en sucre.

Voici quelques conseils pour vous aider à trouver l'équilibre:

1 Consommez au moins cinq portions de fruits et de légumes chaque jour

Les fruits et les légumes sont une bonne source de vitamines, de minéraux et d'autres éléments nutritifs. Ils peuvent vous protéger contre plusieurs maladies et vous aider à baisser votre pression artérielle. Pour obtenir le maximum de bienfaits, consommez une variété de fruits et de légumes de couleurs variées. Consultez la section «Consommer plus de fruits et de légumes» pour obtenir d'autres conseils.

2 Faites des féculents la base de vos repas principaux

Les féculents (ou glucides) sont, par exemple, les pommes de terre, les bananes plantains, les patates, l'igname, les courges, le pain, les céréales, l'avoine, les pâtes, le riz et les légumineuses comme les lentilles et les pois chiches. Ils sont une bonne source d'énergie, de fibres, de vitamines et de minéraux. Les variétés à grains entiers renferment habituellement plus de nutriments et de fibres.

3 Mangez au moins deux portions de poisson par semaine

Le poisson est une bonne source de protéines, de vitamines et de minéraux. Les gras oméga-3 présents dans les poissons gras peuvent vous aider à prévenir les maladies cardiaques. Visez au moins une portion de poisson gras chaque semaine (saumon, truite ou maquereau), mais pas

plus de quatre, ou pas plus de deux portions par semaine si vous êtes une femme et prévoyez avoir un enfant un jour. Voir à la page 30.

4 Consommez des produits laitiers (ou un substitut) chaque jour
Le lait et autres produits laitiers sont de bonnes sources de protéines, de vitamines et de minéraux, et la meilleure source de calcium qui soit pour aider à avoir des os solides. Bon nombre de diététistes conseillent trois portions par jour de produits faibles en gras et en sel pour obtenir un apport suffisant de calcium.

5 Consommez moins de sel
Manger moins de sel est avantageux pour tout le monde, mais c'est encore plus important si vous faites de l'hypertension. Un adulte ne devrait pas en consommer plus de 6 g ou 1 c. à thé (à café) par jour, moins dans le cas d'un enfant. Les pages qui suivent sont axées sur la réduction de la consommation de sel.

6 Consommez moins de gras et d'aliments à teneur élevée en gras saturés
Une quantité trop élevée de gras dans son alimentation peut entraîner une prise de poids, alors qu'un excès de gras saturés élève votre cholestérol sanguin, ce qui en retour augmente vos risques de maladies cardiaques. Choisissez les aliments riches en gras non saturés comme les poissons gras, les avocats, les noix et les graines non salées qui aident à baisser le taux de cholestérol. Voir la dernière section de «Autres facteurs de risque» pour obtenir d'autres conseils sur les gras.

7 Évitez le sucre ajouté dans les aliments et les boissons
Consommer moins d'aliments et de boissons sucrés peut vous aider à contrôler votre poids; c'est aussi préférable pour vos dents. Portez attention au sucre ajouté dans bon nombre d'aliments prêts-à-servir.

8 Buvez de l'eau et autres liquides en grande quantité
On recommande généralement de boire environ 1,2 litre (5 tasses) de liquides (préférablement de l'eau) par jour, ou plus si vous faites beaucoup d'exercice.

9 Apprenez à apprécier les aliments sains
Rien n'empêche les aliments sains d'être succulents, comme en font preuve les recettes du présent ouvrage!

LES DIÈTES DASH ET MÉDITERRANÉENNE

Vous avez peut-être entendu parler de la diète DASH, reconnue pour réguler la pression artérielle, et de la diète méditerranéenne, reconnue pour réduire le risque de maladie cardiaque. Certaines données intéressantes viennent appuyer ces diètes dont les principes s'apparentent largement à ceux d'une alimentation saine présentée dans le présent ouvrage, qui repose sur une généreuse quantité de fruits, de légumes et de grains entiers. La diète DASH met aussi l'accent sur la réduction de sel et la consommation quotidienne de produits laitiers faibles en gras. La diète méditerranéenne, quant à elle, fait appel à l'huile d'olive (un gras non saturé) comme source principale de gras, et une consommation modérée de vin.

Suivre une diète n'est pas nécessaire, à moins que votre médecin ou votre infirmière vous le conseille pour baisser votre pression artérielle. Voici les principaux changements à apporter à votre alimentation et à vos habitudes de vie pour aider à baisser votre pression artérielle:

- Consommez moins de 6 g ou 1 c. à thé (à café) de sel par jour
- Consommez au moins cinq portions de fruits et de légumes
- Perdez vos kilos en trop
- Faites plus d'activité physique (idéalement 5 x 30 minutes par semaine)
- Consommez de l'alcool avec modération (ou pas du tout)

AI-JE BESOIN DE PRENDRE DES SUPPLÉMENTS?

La plupart des gens comblent leurs besoins en vitamines, en minéraux et autres nutriments en mangeant sainement et de façon équilibrée. Aucune donnée n'existe quant à l'efficacité des suppléments de vitamines, de minéraux ou autres pour baisser la pression artérielle. Si vous décidez tout de même d'en prendre et que vous prenez des comprimés contre l'hypertension, parlez-en à votre médecin car certains suppléments peuvent entraîner des effets indésirables.

Consommez moins de sel

La plupart d'entre nous consommons trop de sel. Un adulte ne devrait pas en consommer plus de 6 g ou environ 1 c à thé (à café) par jour.

Si vous faites de l'hypertension, la meilleure façon de la réduire est de consommer moins de sel. Même si vous n'en faites pas, diminuer votre consommation de sel est une stratégie gagnante pour la prévenir et cela est important pour tous les membres de la famille.

LE SEL ET LA PRESSION ARTÉRIELLE

Des données médicales probantes démontrent que réduire votre consommation de sel baissera votre pression artérielle, que vous fassiez de l'hypertension ou non.

Quelle quantité de sel devrais-je consommer?

Plusieurs organismes de santé ont établi la quantité de sel à consommer à un maximum de 6 g ou 1 c. à thé (à café) par jour. Il s'agit d'un objectif réaliste et non pas idéal car la plupart des gens en consomment en moyenne 9 g par jour. Certains professionnels de la santé sont d'avis qu'une consommation de 3 g par jour serait plus efficace pour abaisser la pression artérielle.

Des études ont révélé qu'une diminution de 3 g de sel par jour permettait de faire baisser la pression systolique de 3,6 à 5,6 mm Hg, et la pression diastolique de 1,9 à 3,2 mm Hg. Consommer 6 g de sel de moins par jour doublerait cet effet. Cela peut sembler négligeable, mais chaque petite baisse de pression diminue votre risque à long terme de souffrir d'un AVC et d'une maladie cardiaque. Au fil du temps, vous pourriez même voir votre pression baisser davantage si, en plus de réduire votre consommation de sel, vous apportez d'autres changements à votre alimentation et à vos habitudes de vie.

La sensibilité au sel

Tout le monde peut bénéficier d'une consommation allégée de sel. Or, la pression artérielle de certaines personnes est particulièrement sensible aux effets du sel. Les gens d'origine africaine des Antilles, les aînés et ceux ayant des antécédents familiaux d'hypertension semblent bénéficier davantage d'une consommation réduite en sel.

COMMENT RÉDUIRE SA CONSOMMATION DE SEL

Le problème, dans nos pays industrialisés, a peu à voir avec la quantité de sel ajouté à la table ou en cuisinant – bien qu'il serait bien d'en consommer moins –, mais tient plutôt au fait qu'environ 75 % du sel que nous consommons provient des aliments que nous achetons.

Calculer la quantité de sel que vous consommez n'est pas tâche facile: il vous faudrait peser tous vos aliments et chiffrer la quantité de sel que chacun renferme. Il existe des façons plus faciles et plus pratiques de réduire le sel:

1 Évitez ou limitez votre consommation d'aliments à teneur élevée en sel

Certains aliments ou ingrédients sont très salés, notamment:

- Crevettes, anchois, poissons fumés ou salés
- Viandes fumées ou transformées comme le jambon, le bacon et les viandes en conserve
- Cubes de bouillon et jus de viande déshydratés
- Olives
- Sauce de soja
- Croustilles, noix salées ou grillées à sec
- Extrait de levure

Si vous aimez ces aliments, il n'est pas nécessaire de les éliminer entièrement de votre alimentation. Dégustez-les plutôt à l'occasion, les jours où le reste de votre menu sera composé d'aliments faibles en sel. Ou consommez-en moins et choisissez les variétés faibles en sel.

2 Prenez garde au sel «caché»

Ces 6 g peuvent sembler beaucoup, mais la quantité de sel «caché» dans les aliments est parfois étonnante et la cible maximale de 6 g peut être rapidement dépassée. Certains aliments contiennent du sel sans toutefois goûter salé, par exemple:

- Pain, biscuits et produits de boulangerie
- Certaines céréales pour le petit-déjeuner

Tableau 2 Le sel «caché» dans les aliments de tous les jours

Taille de la portion		sel par portion (g)
Pain complet	1 tranche moyenne	0,5 g
Biscuits digestifs	2 biscuits	0.5 g
Crêpes salées	1 crêpe	1g
Bagels à la cannelle et aux raisins	1 bagel	0,8 g
Gâteau aux carottes	1 tranche d'environ 25 g (1 oz)	0,25 g
Flocons de son	1 bol moyen de 50 g (2 oz)	0,65 g
Céréales de riz biologique	1 bol moyen de 30 g (1 oz)	0,5 g
Ketchup	1 c. à soupe	0,5 g
Haricots au four réduits en sucre/sel	Petite boîte de 200 g (7 oz)	1,1 g
Cheddar moyen	1 morceau de 30 g (1 oz)	0,5 g
Chocolat chaud instantané	1 sachet tel que vendu	0,3 g

- Sandwichs emballés, sushis et salades assaisonnées
- Pesto, sauces pour pâtes et de cuisson
- Pizzas et repas prêts-à-manger
- Fromage (surtout la féta, l'édam, le parmesan, le bleu et les fromages fondus)
- Condiments, cornichons et vinaigrettes
- Certaines soupes (fraîches, en conserve ou en sachet)
- Repas-minute ou boissons, comme les nouilles ou le chocolat chaud

Faible en sel	0,3 g par 100 g (3 ½ oz) ou moins
Modéré en sel	entre 0,3 g et 1,5 g par 100 g (3 ½ oz)
Élevé en sel	plus de 1,5 g par 100 g (3 ½ oz)

- Certaines marques de haricots au four
- Les mets chinois ou indiens

Jetez un coup d'œil à la liste d'aliments contenant du sel «caché» du tableau 2. Encore une fois, il ne s'agit pas d'éliminer entièrement ces aliments, souvent sources de nutriments importants. Or, en sachant qu'ils ajoutent du sel à votre alimentation, vous pouvez mieux surveiller la quantité que vous consommez chaque jour.

Bon nombre de fabricants diminuent graduellement et volontairement la quantité de sel de leurs produits. Les quantités présentées étaient exactes au moment d'aller sous presse; l'information a été tirée d'étiquettes de produits ou de données de sites Web.

3 Sachez lire les étiquettes

Lisez les étiquettes des produits et optez pour des aliments faibles en sel. Vérifiez la quantité de sel par 100 g, et retenez bien ceci: certaines étiquettes indiquent la teneur en sodium plutôt qu'en sel. Le sodium est l'une des composantes du sel (chlorure de sodium), et c'est cette composante qui a une incidence sur la pression artérielle. Comme le sodium se trouve dans plusieurs autres ingrédients tels que le glutamate monosodique et le carbonate monosodique, les étiquettes doivent indiquer la teneur en sodium plutôt qu'en sel.

Tableau 3 Moins de sel: lisez toujours l'étiquette

Au lieu de…	Optez pour…	Sel en moins
½ pizza au pepperoni	½ pizza aux légumes	0,5 g
Poulet biryani prêt-à-manger	Poulet biryani santé	2,8 g
2 saucisses de porc grillées	1 côtelette de porc grillée de 150 g (5 oz)	1,75 g
Sandwich aux fruits de mer	Sandwich au saumon poché	1,1 g
50 g (2 oz) de saumon fumé	1 darne de saumon nature	1,5 g
1 bol de flocons de maïs de 55 g (2 oz)	2 biscuits au blé	1 g
1 filet de poitrine de poulet pané	1 poitrine de poulet sans peau non panée	0,3 g
2 galettes d'avoine	2 pains plats au seigle	0,4 g
1 crêpe salée	1 crêpe maison	0,65 g
30 g (1 oz) d'edam	30 g (1 oz) de cheddar faible en gras	0,3 g
1 c. à soupe de ketchup	1 c. à soupe de ketchup faible en sel	0,2 g
35 g (1 ½ oz) de croustilles assaisonnées	35 g (1 ½ oz) de fruits séchés /noix non salées	0,5 g

Si une étiquette ne vous donne pas la quantité de sel par 100 g, calculez-la vous-même: 1 g de sodium = 2,5 g de sel. Donc, pour calculer la quantité de sel d'un produit qui contient par exemple 0,5 g de sodium par 100 g, il suffit de multiplier 0,5 par 2,5, ce qui donne environ 1,25 g de sel par 100 g.
La quantité de sel dans 100 g est importante, mais la quantité de l'aliment consommé l'est aussi. Si vous comptez manger plus de 100 g d'un aliment, assurez-vous de multiplier les quantités de sodium en conséquence.

4 Troquer le sel

Comparer les étiquettes et remplacer les produits cuisinés par des aliments naturels sont de bons moyens de consommer moins de sel. Jetez un coup d'œil au tableau 3 pour voir combien de sel vous pourriez vous éviter en remplaçant certains aliments. Mangez des aliments plus naturels et évitez de saler les aliments lorsque vous cuisinez.

5 Vous pouvez consommer beaucoup moins de sel en remplaçant les aliments transformés par des repas préparés à partir d'ingrédients frais et naturels (sans sel ajouté).

Faites l'essai de quelques recettes du présent ouvrage. Cette façon de vous alimenter est bonne pour votre santé, savoureuse et satisfaisante. Il existe plusieurs façons d'assaisonner vos aliments, sans utiliser du sel ou des ingrédients salés. Essayez, par exemple:

- Poivre, ail, oignon, chili, jus de citron, gingembre frais, vinaigre, fines herbes et épices

Certaines poudres de cari et mélanges d'épices et d'herbes renferment du sel. Vérifiez-en l'étiquette.

6 Prenez goût aux aliments moins salés

Le plaisir de manger salé n'est qu'une question d'habitude. Vous serez surpris de la rapidité d'adaptation de vos papilles gustatives. Vous constaterez peut-être après quelques semaines que vous n'appréciez plus le goût des aliments salés qui vous plaisaient autrefois.

7 Les enfants aussi devraient manger moins de sel

Les enfants devraient consommer moins de sel que les adultes. Le tableau 4 illustre les limites quotidiennes recommandées de sel pour les enfants selon leur âge. Les bébés de moins d'un an n'ont besoin que d'une toute petite quantité de sel; leurs reins ne peuvent tolérer qu'un maximum de 1 g ou 1/5 de c. à thé (à café) par jour.

Tableau 4 Consommation maximale de sel pour les enfants

Âge	Pas plus de...
1 à 3 ans	2 g ou 2/5 de c. à thé (à café) par jour
4 à 6 ans	3 g ou 3/5 de c. à thé (à café) par jour
7 à 10 ans	5 g ou 1 c. à thé (à café) par jour
11 ans et plus	6 g par jour

Faits à retenir

- Consommer moins de sel peut aider à baisser votre pression artérielle
- Un adulte ne devrait pas consommer plus de 6 g ou 1 c. à thé (à café) de sel par jour; les enfants, encore moins
- Surveillez le sel «caché»; les aliments préparés représentent 75 % de notre consommation totale de sel
- Lisez les étiquettes pour mieux choisir
- Consommez davantage d'aliments naturels; ils renferment souvent moins de sel que les aliments transformés
- Prenez goût aux aliments moins salés; vos papilles s'adapteront rapidement

L'alimentation des enfants en bas âge influence leur choix d'aliments une fois adultes. Si vous incitez vos enfants à manger moins de sel lorsqu'ils sont jeunes, ils apprécieront des aliments moins salés lorsqu'ils seront plus vieux et seront ainsi moins à risque de développer de l'hypertension. Portez attention aux céréales pour le petit-déjeuner, au ketchup , aux saucisses, aux croustilles et autres aliments transformés qui plaisent aux enfants, ils contiennent souvent beaucoup de sel.

Mangez plus de fruits et de légumes

Au moins cinq portions par jour peuvent réduire vos risques de diabète, d'obésité, d'un AVC, de maladies cardiaques et de certains types de cancer, de même que vous aider à baisser votre pression artérielle. Ils sont une très bonne source de potassium, un minéral qui a l'effet contraire du sel dans le corps. En consommant au moins cinq portions par jour, vous aidez votre corps à obtenir tout le potassium qu'il lui faut.

Parce qu'ils sont généralement faibles en gras et en calories, ils peuvent vous aider à contrôler votre poids. Et compte tenu de toutes les vitamines, minéraux, fibres et autres nutriments qu'ils renferment, les fruits et légumes peuvent vous donner plus d'énergie et vous aider à vous sentir mieux, chaque jour.

Tableau 5 Exemples de la taille d'une portion

Le jus de pamplemousse peut interagir avec certains médicaments tels que des statines ou des inhibiteurs calciques. Demandez à votre médecin si vous devriez éviter d'en boire. Les autres jus de fruits conviennent.

Une poignée de raisins
2 fruits plus petits ou plus (2 prunes, 2 mandarines, 3 dattes fraîches, 7 fraises)
1 fruit moyen (pomme, orange, banane, poire)
½ gros fruit (avocat, pamplemousse*)
1 tranche d'un gros fruit (melon, papaye, ananas)
1 c. à soupe de fruits séchés, comme des raisins secs
1 verre de 150 ml (5/8 de tasse) de jus de fruits ou de légumes à 100 % ou de smoothie
3 c. à soupe combles de légumes ou de légumineuses
1 bol à céréales rempli de feuilles de salade
1 tomate fraîche moyenne ou 7 tomates cerises
½ poivron

QU'EST-CE QU'UNE PORTION?

Une portion est environ 80 g (3 oz) de la partie comestible d'un fruit ou d'un légume, excluant le cœur ou la pelure, ou environ 150 ml (5/8 de tasse) de jus de fruits pur. Le tableau 5 présente des exemples de portions.

POURQUOI CINQ PORTIONS PAR JOUR?

Il y a environ vingt ans, l'Organisation mondiale de la Santé (OMS) formulait la recommandation de consommer plus de fruits et de légumes. Celle-ci découlait d'études qui avaient constaté que les populations en santé consommaient environ 400 g (14 oz) ou plus de fruits et de légumes (sauf les pommes de terre), chaque jour. Étant donné qu'une portion de fruits ou de légumes compte environ 80 g (3 oz), cinq portions équivalent à tout près de 400 g (14 oz), d'où la recommandation de «cinq par jour».

Les suppléments comportent-ils les mêmes bienfaits?

Les études ont conclu que les suppléments n'ont pas les mêmes effets bénéfiques que manger des fruits et des légumes. Il semblerait que les fruits et les légumes comportent un mélange bien à eux de vitamines, minéraux, fibres et autres nutriments qui agissent ensemble pour protéger notre santé.

QU'EST-CE QUI COMPTE?

Tous les fruits et les légumes frais, surgelés, réfrigérés, en conserve et séchés. Les fruits et les légumes qui composent les soupes, les ragoûts et les aliments prêts-à-servir comptent aussi, mais ont souvent une teneur élevée en sel, en gras saturés ou en sucre.

La variété, c'est important

Différents fruits et légumes fournissent chacun une combinaison différente de vitamines, de minéraux, d'antioxydants et autres nutriments. Consommez-en une variété chaque jour.

Jus, smoothies et légumineuses

Les jus de fruits et de légumes à 100 % et les smoothies peuvent constituer une portion; cependant, le jus de fruits ne peut compter que pour une seule de vos portions

quotidiennes car le jus de fruits contient moins de nutriments bénéfiques que les fruits entiers, comme les fibres, tandis que sa teneur élevée en sucres naturels peut nuire aux dents. La même règle s'applique aux légumineuses, comme les lentilles et les pois chiches. Elles peuvent s'inscrire dans vos portions quotidiennes, mais une seule par jour.

Pas les pommes de terre!
Les pommes de terre et autres légumes-racines farineux comme le manioc, l'igname et le plantain ne font par partie des portions de légumes recommandées. Ce sont bien sûr des légumes, mais parce qu'ils sont une source riche de glucides, ils font plutôt partie des féculents.

DAVANTAGE POUR LES ENFANTS

Les enfants devraient être incités à consommer une variété de fruits et de légumes chaque jour. Ils seront plus aptes à y prendre goût et à en consommer en grandissant, et donc à avoir une meilleure santé lorsqu'ils seront plus vieux.

QUELQUES TRUCS POUR Y PARVENIR

Vous serez étonné à quel point il est facile d'en faire une nouvelle habitude saine. Si vous consommez une ou deux portions à chaque repas et prenez un fruit frais comme collation, vous pouvez facilement atteindre cet objectif, et même plus.

Quelques façons d'augmenter votre consommation de fruits et légumes:

- Ajoutez des fruits à vos céréales ou votre gruau (banane, pomme ou petits fruits frais ou surgelés)
- Passez au mélangeur n'importe quel fruit et un soupçon de jus de fruits ou de yogourt faible en gras pour un smoothie santé
- Dégustez des bâtonnets de légumes crus et du hoummos faible en gras comme collation
- Ajoutez de la laitue et des tomates à votre sandwich du midi
- Ajouter des légumes, des lentilles ou des haricots à vos ragoûts ou casseroles
- Préparez des soupes ou des sautés avec une grande quantité de légumes

TIRER LE MAXIMUM DES FRUITS ET LÉGUMES

Pour bénéficier pleinement de vos fruits et légumes:

- Dégustez-les sous leur forme naturelle – les aliments prêts-à-servir comme les caris de légumes, les fruits en conserve et les légumes prêts-à-rôtir contiennent souvent beaucoup de sel, de gras ou de sucre
- Achetez les fruits et les légumes locaux et en saison qui contiennent souvent plus de vitamines
- Variez les couleurs afin de bénéficier d'une grande variété de nutriments
- Choisissez des fruits et des légumes en conserve ou surgelés sans sucre ou sel ajouté

Modes de préparation et de cuisson des légumes

La façon d'apprêter et de faire cuire les légumes déterminera la quantité de vitamines qu'ils conserveront ainsi que leur teneur en sel, en gras et leur valeur nutritive. Voici quelques trucs pour préserver les nutriments des légumes:

- Faites-les cuire à la vapeur autant que possible
- Hachez les légumes juste avant de les faire cuire; ne les laissez pas tremper dans l'eau
- Consommez les légumes aussitôt cuits
- Coupez les légumes en gros morceaux et n'utilisez qu'un minimum d'eau pour les faire bouillir le moins longtemps possible
- Si vous faites frire ou rôtir les légumes, n'ajoutez pas d'huile, sinon très peu d'une huile non saturée (ex. huile d'olive) – les légumes absorbent le gras pendant la cuisson
- Éviter d'ajouter du sel aux légumes; essayez plutôt du poivre ou des herbes

Faits à retenir

- Consommer des fruits et des légumes en abondance peut vous aider à baisser votre pression artérielle
- Les fruits et les légumes aident à vous protéger contre différentes maladies
- Consommez-en au moins cinq portions par jour, et de différentes variétés et de différentes couleurs

Poids santé

Faire de l'embonpoint met le cœur à l'épreuve et peut augmenter votre pression artérielle. Perdre ses kilos en trop est un moyen efficace de baisser votre pression artérielle, sans compter les autres bienfaits que cela comporte.

Perdre du poids n'est pas toujours facile. Une industrie colossale a été mise sur pied autour de diètes qui tentent de nous faire croire à des solutions rapides de perte de poids. Certains régimes miracles donnent parfois des résultats à court terme. Or, la plupart des gens reprennent les kilos perdus lorsqu'ils reviennent à leurs habitudes alimentaires.

Le secret d'une perte de poids permanente est d'apporter de petits changements graduels à vos habitudes alimentaires, et de les maintenir, ainsi que de faire plus d'activité physique.

AI-JE DU POIDS À PERDRE?

Si vous ne savez pas si vous avez du poids à perdre, vous pouvez mesurer votre tour de taille et utiliser l'indice de masse corporelle (IMC) pour le savoir.

Votre tour de taille

C'est en mesurant votre tour de taille que vous pouvez savoir la quantité de graisse qui l'enveloppe. Les surplus de graisse dans cette partie du corps augmentent les risques de problèmes de santé causés par un surplus de poids.

Mesurez votre tour de taille en entourant votre taille avec un ruban à mesurer, environ au niveau du nombril. Vous courez plus de risques de développer des problèmes de santé si votre tour de taille est de:

- Femmes: 80 cm ou plus
- Hommes: 94 cm ou plus

Indice de masse corporelle (IMC)

L'IMC vous indique si votre poids convient à votre taille. Pour le savoir, utilisez l'un des nombreux calculateurs de l'IMC qui abondent sur Internet ou utilisez l'équation suivante: IMC = poids (en kilos)/taille (en mètres) x taille (en mètres).

Voici ce que signifie votre IMC:
IMC inférieur à 18,5: poids insuffisant
IMC entre 18,5 et 24,9: poids santé
IMC entre 25 et 29,9: surpoids
IMC de 30 ou plus: obésité

Si votre IMC s'établit à 25 ou plus, vos risques d'éprouver des problèmes de santé sont plus élevés. Et plus votre surplus de poids est important, plus les risques augmentent. Si votre IMC est de 35 ou plus, songez à consulter un spécialiste pour vous aider à gérer votre poids et votre santé.

Or, l'IMC ne s'applique qu'aux adultes et n'est pas la mesure idéale pour tous. Il ne convient pas, par exemple, aux personnes musclées comme les athlètes.

Si vous êtes d'origine sud-asiatique, vous devriez viser un IMC et un tour de taille inférieurs aux nombres présentés ci-dessus; votre médecin ou infirmière peut vous conseiller. Vous êtes davantage à risque d'avoir un diabète ou une maladie cardiaque que le reste de la population occidentale.

LES AVANTAGES DE PERDRE DU POIDS

Si vous avez avantage à perdre du poids, voici quelques bénéfices qui peuvent découler d'une perte de poids:

- Baisse de votre pression artérielle
- Réduction de vos risques d'un AVC, d'une crise cardiaque et de certains types de cancer
- Gestion du diabète (ou réduction du risque d'en développer un)
- Diminution des douleurs au dos et aux articulations
- Amélioration de la qualité de votre sommeil
- Amélioration de votre humeur
- Amélioration de votre fertilité
- Augmentation de votre niveau d'énergie afin que vous puissiez profiter pleinement de la vie

Réfléchissez aux raisons pour lesquelles vous voulez perdre du poids et dressez-en la liste. Lorsque votre volonté sera mise à rude épreuve, vous pourrez vous en servir comme aide-mémoire.

COMMENT PERDRE DU POIDS

Si vous faites de l'embonpoint, c'est qu'au fil des années, vous avez consommé plus de calories (énergie) que vous en avez dépensé. Pour perdre du poids, vous devez faire le contraire.

Pour réussir à perdre du poids pour de bon, vous devez apporter des changements sensés et santé à votre alimentation (pour consommer moins de calories) et faire plus d'exercice (pour brûler plus de calories). Reportez-vous à la section suivante pour des conseils sur comment bouger davantage.

1 Établissez un objectif réaliste

Il est essentiel de vous fixer un but réalisable afin d'éviter la déception qui pourrait vous inciter à abandonner. Les experts en santé sont d'avis que perdre 5 à 10 % de votre poids constitue un objectif réaliste et peut entraîner des bienfaits pour la santé.

2 Lentement mais sûrement

Les personnes qui perdent du poids lentement, soit ½ à 1 kg par semaine (1 à 2 lb), réussissent mieux à le perdre de façon permanente. Si vous perdez du poids trop rapidement, vous perdez peut-être de la masse musculaire plutôt que de la graisse, ce qui est malsain.

Chaque 1/2 kg (1 lb) de graisse corporelle compte environ 3 500 calories. Afin de perdre 1/2 kg (1 lb) par semaine, vous devez consommer 500 calories de moins par jour, ou faire plus d'activité physique pour brûler jusqu'à 500 calories de plus par jour (ou idéalement, une combinaison des deux). Les petits changements graduels que vous apportez à votre alimentation, et le fait de bouger davantage, peuvent vraiment contribuer à vous faire perdre du poids.

3 Évitez autant que possible de penser que vous «suivez une diète»

Efforcez-vous de ne pas devenir obsédé par la nourriture ou de penser que vous vous privez. Essayez plutôt d'avoir une alimentation saine et équilibrée. Vous pouvez ainsi consommer moins de calories en mangeant des fruits et des légumes en abondance, et des féculents de grains entiers, et en réduisant votre consommation d'aliments gras et sucrés. Perdre du poids nécessite du temps et des efforts. Ce que vous consommez chaque jour importe moins que les quantités que vous mangez au fil des semaines et des mois.

4 N'éliminez pas de groupes alimentaires

Certaines diètes de l'heure suggèrent d'éliminer entièrement certains groupes alimentaires comme les glucides (les féculents). Ces diètes qui restreignent la consommation de fruits, de légumes et de féculents de grains entiers ne permettent pas de perdre du poids sainement; certains nutriments manqueront à votre alimentation.

La raison pour laquelle la plupart des gens perdent du poids en suivant ces diètes miracles relève du fait qu'ils mangent tout simplement moins qu'à l'habitude. Vous pouvez bénéficier des mêmes bienfaits de façon beaucoup plus saine par une alimentation équilibrée moins riche en gras et en sucre, et en faisant plus d'activité physique.

5 Faites-vous aider

Certaines personnes ressentent le besoin d'avoir un plan d'alimentation pour les aider à perdre du poids, ou de se faire aider. N'hésitez pas à consulter votre médecin ou une infirmière pour connaître les sources d'aide dans votre région, comme une diététiste ou un groupe d'entraide local.

Certains clubs d'amaigrissement conviennent à plusieurs personnes. Mais gardez à l'esprit que vous devez apporter de petits changements durables à votre alimentation. Assurez-vous que le club en question peut vous aider à éviter de reprendre le poids qu'il vous aura aidé à perdre.

Si vous ne souhaitez pas appartenir à un groupe précis, de nombreux sites Web comportent de l'information et des outils pour vous aider à rester motivé.

DE PETITS CHANGEMENTS POUR DE GRANDS RÉSULTATS

Les petits changements apportés à votre alimentation et votre niveau d'activité peuvent vraiment avoir un effet cumulatif et vous aider à perdre du poids de façon permanente. Voici quelques trucs utiles:

Contrôlez votre appétit

- Ne sautez pas le petit-déjeuner; ce repas aide les gens à maintenir un poids santé
- Mangez à intervalles réguliers pour éviter de trop manger si vous devenez affamé
- Choisissez les aliments complets ou à grains entiers riches en fibres qui sont plus bourratifs
- Chacun de vos repas principaux devrait comporter des protéines comme une viande maigre, du poisson, des œufs, des lentilles ou des haricots
- Surveillez votre consommation d'alcool qui creuse l'appétit et ajoute des calories
- Buvez beaucoup d'eau. La déshydratation est parfois perçue comme de la faim

Consommez moins de gras

- Choisissez les produits laitiers faibles en gras
- Supprimez le gras visible des viandes et la peau de la volaille avant de les faire cuire
- Faites griller, pocher, cuire à la vapeur, au four ou rôtir à sec vos aliments plutôt que de les faire frire ou rôtir dans de l'huile

D'autres façons de réduire le nombre de calories

- Planifiez vos repas et vos collations afin de toujours avoir des aliments sains à portée de main
- Comparez les étiquettes d'aliments semblables – optez pour ceux qui contiennent moins de calories
- Réduisez vos portions, utilisez des assiettes et des bols plus petits
- Remplissez votre assiette de légumes; ils sont bourratifs et faibles en calories
- Remplacez les collations riches par des fruits frais
- Réduisez votre consommation de boissons sucrées

Faits à retenir

- Perdre du poids, si vous avez des kilos en trop, est une façon efficace de baisser votre pression artérielle
- Plusieurs autres bienfaits sont rattachés à une perte de poids
- La meilleure façon de perdre du poids est de changer vos habitudes alimentaires et de bouger davantage

Bouger

La plupart des Occidentaux d'âge adulte ne font pas suffisamment d'activité physique. La sédentarité peut avoir une incidence négative importante sur votre santé. Les adultes qui font de l'activité physique sont 30 % moins à risque de mourir prématurément, et 50 % moins à risque de souffrir d'une maladie cardiaque, d'un diabète, d'un AVC, de certains types de cancer et d'autres maladies.

À court terme, l'activité physique peut vous aider à baisser votre pression artérielle et à améliorer vos niveaux de cholestérol. Elle peut aussi vous aider à mieux dormir, à avoir plus d'énergie, à vous sentir moins stressé et à réduire votre risque de dépression et d'anxiété. Une alimentation saine et équilibrée jumelée à de l'activité physique est l'un des meilleurs moyens de perdre du poids de façon permanente.

Quelle est la définition d'une «vie active»?

Les instances gouvernementales recommandent généralement trente minutes d'activité d'intensité moyenne à élevée, cinq jours par semaine ou plus. Une activité d'intensité moyenne augmente votre température et accélère légèrement votre respiration.

Le fait d'inclure la pratique d'activités physiques à votre quotidien peut vous aider à vous sentir mieux et réduit votre risque d'avoir des problèmes de santé.

L'ACTIVITÉ ET LA PRESSION ARTÉRIELLE

L'exercice entraîne une hausse temporaire de la pression artérielle qui, lorsque vous cessez l'activité, devrait revenir au niveau de repos. À long terme, l'activité physique peut vous aider à diminuer votre pression artérielle globale. Il est cependant bon de vérifier s'il est sécuritaire pour vous de pratiquer une nouvelle activité, surtout si vous n'en avez jamais fait ou si on vient de diagnostiquer de l'hypertension. Votre médecin ou votre infirmière peut vous conseiller. Si votre pression artérielle est très élevée (200/110 ou plus), vérifiez toujours si vous pouvez en faire avant de commencer. Si vous faites de l'hypertension, vous devriez éviter tout type d'exercice qui entraîne une hausse rapide de votre pression ou met votre cœur à l'épreuve, comme les poids et haltères, les sprints et le squash. La plongée autonome et le parachutisme peuvent aussi être dangereux; parlez-en toujours avec votre médecin avant de vous y adonner.

QUEL EST LE MEILLEUR EXERCICE À FAIRE?

Le meilleur exercice en est un que vous aimez et que voudrez maintenir. Si vous n'aimez pas aller au gym vous pourriez, par exemple, vous rendre au travail à pied ou à bicyclette, ou jouer aux quilles, danser ou faire du jardinage.

Vous pouvez faire vos trente minutes d'activité quotidienne en tranches de dix minutes ou plus. Une marche de dix minutes trois fois par jour peut être tout aussi bénéfique qu'une seule de trente minutes. Augmentez graduellement votre niveau d'activité jusqu'à ce qu'elle soit intégrée à votre vie de tous les jours.

De l'exercice salutaire pour votre cœur

L'hypertension est un facteur de risque de maladies cardiaques. Donc, si vous en faites, vous avez tout à fait avantage à pratiquer le type d'exercice qui peut améliorer l'état de votre cœur et de vos vaisseaux sanguins. Il s'agit de faire de l'exercice d'aérobie léger, comme une marche rapide, du jogging, de la danse ou de la natation.

De l'exercice bénéfique pour vos os

Les exercices de port de poids sont aussi bien indiqués pour protéger vos os. Chez les jeunes adultes, ils maintiennent la densité et la solidité des os; chez les adultes plus âgés, ils freinent la perte osseuse qui accompagne souvent le vieillissement et préviennent l'ostéoporose, une affection qui multiplie le risque de fractures.

Parmi les exercices de port de poids, il y a la marche rapide, le saut à la corde, la danse, l'aérobie, le tennis, le jogging, ou toute autre activité qui implique le port de son propre poids.

Des activités idéales pour personnes plus âgées

Il est important de faire de l'activité physique en vieillissant. Les activités qui aident à accroître la force, la coordination et l'équilibre favorisent aussi votre mobilité, votre indépendance et votre capacité à accomplir vos tâches quotidiennes et diminuent vos risques de chutes et de blessures.

Pour prévenir les blessures, évitez les activités d'intensité élevée ou qui nécessitent des mouvements brusques ou complexes, à moins que vous en ayez l'habitude.

L'exercice et la mobilité

Si vous êtes incapable de vous lever de votre chaise sans aide, demandez à votre médecin ou infirmière s'il y a des cours d'exercice sur chaise près de chez vous. Ceux-ci peuvent vous aider à améliorer votre forme physique.

COMMENT BOUGER DAVANTAGE

Voici quelques idées pour vous aider à rester actif à vie:

- Jouez aux quilles ou au golf
- Trouvez-vous un partenaire d'entraînement – faire de l'exercice avec un ami peut rendre la chose plus agréable
- Faites une marche quotidienne, ne serait-ce que le tour de votre pâté de maisons
- Trouvez un centre de conditionnement physique qui correspond à vos aspirations
- Joignez-vous à un groupe de randonnée pédestre
- Occupez-vous d'un jardin potager – c'est une bonne façon de rester actif
- Le yoga, le tai-chi et le pilates peuvent vous aider à rester souple et améliorer votre posture et votre équilibre; la plupart des centres sportifs offrent des cours
- Rappelez-vous que les activités comme le ménage et monter l'escalier comptent aussi

Faits à retenir

- L'activité physique aide à réduire la pression artérielle et diminue les risques de problèmes de santé
- Visez au moins trente minutes d'activité physique cinq fois par semaine
- Pratiquez une activité d'intensité moyenne qui hausse légèrement votre température corporelle et vous essouffle un peu
- Incluez un peu d'aérobie à vos activités
- Être actif est important pour les personnes de tous âges

L'alcool

L'abus d'alcool augmente votre risque d'hypertension et d'autres problèmes de santé. Les quantités quotidiennes généralement recommandées sont:

- Trois à quatre consommations par jour, pour les hommes
- Deux à trois consommations par jour, pour les femmes

La limite pour les femmes est plus faible compte tenu de leur plus petite taille et de leur composition corporelle différente qui renferme plus de graisses et moins d'eau pour diluer l'alcool. On conseille aux femmes enceintes et à celles qui souhaitent le devenir d'éviter toute consommation d'alcool.

Les bienfaits d'une consommation d'alcool modérée

L'alcool, pour plusieurs d'entre nous, fait partie de notre vie. Il comporte d'ailleurs certains bienfaits. Il peut vous aider à relaxer, par exemple. Une consommation modérée d'alcool (un ou deux verres par jour) semble avoir un effet protecteur contre les maladies cardiaques chez les hommes de plus de quarante ans et les femmes ménopausées. Cela ne signifie pas qu'il faut boire de l'alcool pour protéger votre cœur... Une saine alimentation, l'activité physique et l'abandon de la cigarette comportent beaucoup plus de bienfaits.

Les risques associés à l'abus d'alcool
La pression artérielle des gens qui consomment trop d'alcool est souvent plus élevée. Consommer régulièrement de l'alcool plus qu'il n'est recommandé augmente aussi le risque d'AVC, de maladies cardiaques et hépatiques, et augmente le risque de maladies mentales comme la dépression et l'anxiété. L'alcool accroît aussi le risque de développer certains types de cancer, notamment de la bouche et du sein.

Si vous faites le choix de boire de l'alcool, limitez-vous aux quantités recommandées pour maintenir une pression artérielle saine et réduire les risques sur votre santé.

LES BIENFAITS D'UNE RÉDUCTION DE LA CONSOMMATION D'ALCOOL

La plupart des gens qui ont des problèmes de santé causés par l'alcool ne sont pas des alcooliques. Il s'agit plutôt de gens qui boivent régulièrement plus qu'il n'est recommandé pendant plusieurs années. Le corps s'abîme lentement mais sûrement au fil du temps et développe des problèmes.

Si vous dépassez régulièrement les limites recommandées, songez à réduire votre consommation pour en tirer des bienfaits tels que:

- Baisser votre pression artérielle et votre risque de subir un AVC
- Réduire votre risque de développer certains types de cancer et autres maladies
- Améliorer votre sentiment de bien-être et votre santé mentale
- Améliorer la qualité de votre sommeil
- Améliorer l'état de votre peau
- Stimuler votre fertilité
- Perdre vos kilos en trop
- Raviver votre vie sexuelle; l'alcool peut aussi entraîner une impuissance temporaire chez les hommes

Boisson	Unités
1 gin (40 %) & tonic	1 unité
1 verre de 175 ml (6 ½ oz) de vin rouge, blanc ou rosé (13 %)	2,3 unités
600 ml (20 oz) de bière (5 %)	2,8 unités
½ bouteille de vin (13 %)	5 unités
1 boisson aromatisée en bouteille (5 %)	1,4 unité

LES UNITÉS D'ALCOOL

Il est bon de savoir que le degré d'alcool de plusieurs boissons, comme le vin et la bière, a augmenté ces dernières années, de même que les quantités servies. Il est donc facile de sous-estimer votre consommation. Le tableau 6 liste des exemples de boissons spiritueuses et le nombre d'unités (nombre de consommations) que chacune contient.

LES EXCÈS D'UN SOIR

Il s'agit grosso modo d'un important degré d'intoxication atteint en buvant plus de six unités d'alcool en une seule soirée, pour une femme, ou plus de huit, pour un homme. Jetez un coup d'œil au tableau 6 et au nombre d'unités de plusieurs boissons, vous constaterez à quel point il est facile de dépasser ces quantités: une femme qui ne consomme que trois verres de vin dans un verre standard (175 ml) consomme peut-être plus de six unités si la teneur en alcool du vin est plus élevée (13 %).

Ce genre d'excès est particulièrement néfaste pour la santé car il peut accroître sensiblement la pression artérielle à court terme et, du même coup, le risque de subir un AVC. Il est de loin préférable de rester dans les limites maximales d'unités plutôt que de les «accumuler» en prévision d'une ou deux séances de consommation abusive.

DES TRUCS POUR RÉDUIRE SA CONSOMMATION

Voici quelques façons pratiques de diminuer votre consommation d'alcool:

- Éviter l'alcool quelques jours par semaine
- Choisissez des boissons faibles en alcool comme une bière légère
- Alternez entre boissons alcooliques et eau ou boissons gazeuses faibles en calories
- Diluez vos boissons comme le vin blanc avec de l'eau ou du soda
- Sirotez votre verre et buvez de l'eau en grande quantité pour éviter la déshydratation
- Évitez les grignotines salées lorsque vous buvez: elles donnent soif, et poussent à boire davantage
- Si vous avez fait un abus d'alcool, attendez 48 heures avant d'en reprendre pour aider votre corps à se rétablir

Si vous soupçonnez un ami, un membre de la famille ou vous-même d'avoir un problème d'alcool, parlez-en à votre médecin. Plusieurs organismes peuvent vous fournir l'aide dont vous avez besoin

Faits à retenir

- La consommation d'alcool est un choix personnel et boire avec modération peut comporter certains bienfaits
- Les femmes ne devraient pas consommer plus de 2 à 3 unités par jour, pas plus de 3 à 4 unités dans le cas des hommes
- L'abus d'alcool peut accroître votre pression artérielle et les risques de développer d'autres problèmes de santé
- Les excès d'un soir sont particulièrement nuisibles pour votre pression artérielle et votre santé

Les autres facteurs de risque

L'insuffisance coronaire est le nom donné au phénomène de diminution de l'espace dans les vaisseaux sanguins qui peut entraîner l'angine et des crises cardiaques. C'est la première cause de décès en Occident.

L'hypertension en est l'un des principaux facteurs de risque. D'autres facteurs de risque connus:

Les facteurs que vous ne pouvez changer

- Le vieillissement
- Le sexe (les hommes courent un risque plus élevé plus tôt dans leur vie)
- Les antécédents familiaux
- L'origine ethnique (les Asiatiques sont davantage à risque de souffrir d'insuffisance coronaire)

Les facteurs que vous pouvez changer

- L'hypertension
- Un taux élevé de cholestérol
- Le tabagisme
- Le diabète
- L'obésité
- L'activité physique insuffisante
- Une consommation abusive d'alcool

Si vous comptez plus d'un facteur de risque, votre risque de souffrir d'une insuffisance coronaire augmente beaucoup. Donc, si vous faites de l'hypertension, vous avez avantage à surveiller les autres facteurs pouvant être modifiés et à apporter des changements à vos habitudes.

LE CHOLESTÉROL

Les taux de cholestérol sanguin élevés augmentent votre risque de développer une insuffisance coronaire et de subir un AVC. Les facteurs liés à l'alimentation et aux habitudes de vie sont directement liés au taux de cholestérol élevé et au traitement nécessaire.

Le cholestérol et les maladies cardiaques

Le corps compte plusieurs types de cholestérol. Les deux principaux types qui sont liés au risque de maladies cardiaques sont les lipoprotéines de haute densité (LHD) et les lipoprotéines de basse densité (LBD). Un taux élevé de LHD (le «mauvais cholestérol») augmente le risque d'un rétrécissement et un blocage de vos vaisseaux sanguins pouvant mener à une crise cardiaque, un AVC ou autres complications.

Les niveaux plus élevés de LBD (le «bon cholestérol») semblent avoir un effet de protection contre les crises cardiaques. L'activité physique peut aider à les augmenter.

Le sang renferme un autre type de gras: les triglycérides. Si votre taux de triglycérides est élevé et votre cholestérol LBD est faible, votre risque de souffrir d'une insuffisance coronaire est plus élevé. L'obésité est largement en cause. Perdre du poids et faire de l'exercice sont bénéfiques.

Des taux de cholestérol santé

La seule façon de savoir si vos taux de cholestérol sont sains est d'effectuer une prise de sang. Si vous faites de l'hypertension ou présentez tout autre facteur de risque de maladies cardiaques, faites vérifier vos taux de cholestérol.

Si vous présentez des taux de cholestérol un peu ou trop élevés, il y a fort à parier que votre médecin ou infirmière vous demandera d'apporter certains changements à votre alimentation et vos habitudes de vie et vous prescrira peut-être un médicament pour baisser vos taux de cholestérol.

MODIFIER SON ALIMENTATION POUR BAISSER SES TAUX DE CHOLESTÉROL

Une alimentation équilibrée composée d'une abondance de fruits et de légumes et de glucides de grains entiers peut aider à maintenir des taux de cholestérol santé. Faire de l'activité physique, ne pas fumer, maintenir un poids santé et consommer de l'alcool de façon raisonnable sont d'autres facteurs très importants. Parmi les autres aspects précis de votre alimentation que vous pouvez modifier pour réduire vos taux de cholestérol:

1 Consommez moins de gras saturés

Certains aliments, comme le foie ou les œufs, renferment déjà du cholestérol. Or, c'est le cholestérol que notre corps fabrique à partir des gras saturés de notre alimentation qui est principalement en cause. Réduire sa consommation de gras saturés contribue largement à baisser les taux de cholestérol. Le gras animal et les huiles de noix de coco et de palme contiennent des gras saturés. Par exemple:

- Coupes grasses de viande
- Viandes transformées
- Beurre, ghee, saindoux
- Produits laitiers entiers
- Pâtisseries, gâteaux, biscuits
- Croustilles et chocolat

Évitez de manger le gras visible ou la peau des viandes, et choisissez les produits laitiers faibles en gras.

Les étiquettes des aliments

Vous pouvez aussi réduire votre consommation de gras saturés en comparant les étiquettes des aliments et en choisissant les produits faibles en gras saturés (ou en manger moins). Vérifiez la quantité de gras saturés par 100 g (3 ½ oz), et fiez-vous à cette information:

Faible en gras saturés	1,5 g par 100 g ou moins
Modéré en gras saturés	entre 1,5 g et 5 g par 100 g
Élevé en gras saturés	plus de 5 g par 100 g

2 Veillez à inclure des gras insaturés à votre alimentation

Les gras insaturés (y compris les huiles polyinsaturés et monoinsaturés) peuvent réduire les taux de cholestérol et votre risque de développer une maladie cardiaque.

Quelques aliments qui en contiennent:

- Poissons gras (mentionnés ci-dessous)
- Avocats
- Noix et graines
- Huile de tournesol
- Huiles de lin et d'olive
- Margarines (produits à tartiner) faites d'huiles mono ou polyinsaturées

3 Consommez plus de poissons gras

Les poissons gras sont la meilleure source de gras oméga-3, un gras insaturé qui peut baisser vos taux de triglycérides et prévenir les maladies cardiaques. Le saumon, la truite, le maquereau, les sardines et le hareng sont des poissons gras. Essayez d'en manger au moins une portion par semaine. L'épuisement des stocks de poisson est un problème environnemental grave. Choisissez autant que possible les poissons qui ne sont pas en voie d'extinction.

Compte tenu des polluants environnementaux qui s'accumulent dans les poissons gras, il faut tout de même en limiter notre consommation. Les garçons, les hommes et les femmes qui ne prévoient pas avoir d'enfants peuvent en consommer jusqu'à quatre portions par semaine. Les filles et les femmes enceintes, qui allaitent ou prévoient devenir enceintes, ne devraient pas en consommer plus de deux par semaine.

Des recherches démontrent que les oméga-3 des sources végétales comme l'huile de lin n'offrent pas les mêmes effets bénéfiques que les poissons gras. Ils peuvent tout de même faire partie d'une alimentation saine et présenter une solution de rechange pour les végétariens qui préfèrent éviter les huiles de poisson.

4 Consommez des aliments riches en fibres solubles

Les fibres solubles peuvent aider à réduire les taux de cholestérol. Les aliments suivants en contiennent:

- L'avoine
- Les légumineuses comme les lentilles et les haricots
- Certains fruits et légumes

5 Utilisez des produits enrichis de stérols ou de stanols végétaux

Vous pouvez aussi consommer des aliments auxquels des stérols ou stanols végétaux ont été ajoutés. On suggère généralement de consommer trois portions par jour de margarines (produits à tartiner), de yogourts ou de lait enrichis de ces composés pour réduire votre cholestérol. La consommation de 2 à 2,5 g par jour de stérols ou de stanols peut réduire le cholestérol de 10 à 15 %.

Le tabagisme et les maladies cardiaques

Un décès sur cinq causé par une insuffisance coronaire est lié au tabagisme. Cesser de fumer est sans doute la meilleure chose à faire pour éviter une crise cardiaque et prévenir d'autres maladies comme le cancer du poumon.

Il n'est jamais trop tard pour cesser de fumer. Informez-vous auprès de votre médecin ou infirmière à propos des services offerts localement pour vous aider à le faire.

En résumé, voici les gestes que vous pouvez faire pour baisser votre tension artérielle et votre risque d'être victime d'une crise cardiaque, d'un AVC ou d'autres problèmes de santé:

1. **Consommez moins de sel: pas plus de 6 g ou 1 c. à thé (à café) par jour (et moins, si possible)**
2. **Mangez plus de fruits et de légumes: au moins 5 portions de différentes variétés, chaque jour**
3. **Perdez vos kilos en trop en apportant de petits changements permanents à votre alimentation**
4. **Faites plus d'activité physique: idéalement 30 minutes, au moins 5 fois par semaine**
5. **Buvez de façon responsable: pas plus de 2 à 3 unités d'alcool par jour pour les femmes, de 3 à 4 pour les hommes**
6. **Mangez au moins une portion de poisson gras par semaine**
7. **Réduisez votre cholestérol en mangeant moins de gras saturés, plus de gras insaturés et de fibres solubles**
8. **Si vous fumez, obtenez de l'aide pour cesser de le faire**

Les petits gestes peuvent entraîner de grands changements dans les mois et les années à venir tels que réduire votre pression artérielle et diminuer radicalement vos risques de problèmes de santé.

Les accessoires de cuisine essentiels

En plus de vous encourager à cuisiner plus sainement, une cuisine bien outillée peut aussi vous faciliter la tâche et donner de meilleurs résultats.

Procurez-vous toujours les accessoires de la meilleure qualité, selon votre budget. Plus efficaces, ils devraient aussi vous durer plus longtemps.

- Des casseroles à fond épais de bonne qualité de différentes dimensions. Les casseroles antiadhésives permettent un usage restreint de gras sans que les aliments ne collent. Il vous faut aussi des poêles à frire, y compris des plats profonds allant au four pour les ragoûts.

- Une plaque à griller ou une plaque chauffante. Certaines permettent au gras de cuisson de s'écouler. L'été, profitez de votre barbecue pour faire griller vos légumes et, en particulier, vos viandes.

- Des cocottes à fond épais ou des plats allant au four comportant des couvercles pour le braisage et la cuisson à l'étuvée.

- Des woks profonds de bonne qualité pour des sautés faibles en gras.

- Des rôtissoires antiadhésives de différentes dimensions.

- Des moules à pâtisserie et plaques à biscuits antiadhésifs.

- Un petit cuiseur vapeur (ou paniers vapeur en bambou).

- Une centrifugeuse (l'un de mes accessoires de cuisine préférés; en plus d'extraire le maximum de jus des fruits et des légumes, elle en conserve aussi leurs vitamines).

Des modes de cuisson santé

Souvenez-vous que la méthode de cuisson est tout aussi importante que votre choix d'aliments.

Les méthodes de cuisson décrites ci-dessous ont l'avantage de conserver la saveur et les nutriments de vos aliments.

LES GRILLADES

La cuisson sur gril est rapide, très saine et ne requiert qu'une quantité minimale de gras.

Les aliments cuits sur une grille préchauffée ou un barbecue ont une délicieuse saveur fumée.

En faisant mariner d'avance les aliments ou en utilisant un vaporisateur à base d'huile et d'eau, les aliments peuvent être grillés avec peu ou aucun gras.

LE RÔTISSAGE/RÔTISSAGE À SEC

Le rôtissage se fait au four, à l'aide d'une chaleur sèche. Achetez les viandes les plus maigres possible pour le rôtissage, et faites-les cuire sur une grille dans une rôtissoire pour permettre au gras de s'écouler.

Les rôtissoires antiadhésives permettent de réduire le gras en tout temps.

Les viandes, les poissons et les légumes rôtis sont délicieux et conservent leur valeur nutritive.

Le rôtissage à sec est habituellement réservé aux noix, aux épices et aux graines.

Les herbes peuvent aussi être ajoutées aux aliments pendant qu'ils rôtissent pour en rehausser la saveur.

LA CUISSON AU FOUR

Les petits morceaux de poisson et de légumes se prêtent particulièrement bien à cette méthode de cuisson, les fruits aussi. Je suggère encore une fois des ustensiles antiadhésifs.

LA CUISSON À LA VAPEUR

C'est l'une des méthodes de cuisson les plus saines et les plus simples, compte tenu qu'aucun gras n'est requis pour la cuisson. Les aliments sont placés dans un panier perforé posé au-dessus d'une quantité d'eau chaude.

Vous pouvez ajouter différents assaisonnements à l'eau pour plus de saveur. Les légumes cuits à la vapeur conservent mieux leurs nutriments qu'avec toute autre méthode.

Vous pouvez vous procurer des cuiseurs à la vapeur chinois composés de plusieurs étages de paniers pour faire cuire plus d'un aliment à la fois.

LA CUISSON À L'EAU BOUILLANTE/LE POCHAGE

Lorsque vous faites bouillir vos aliments, surtout les légumes, n'utilisez qu'une petite quantité d'eau (sauf pour les pâtes) afin d'éviter que l'eau ne détruise leurs nutriments.

Le pochage, excellent pour le poisson et la volaille, est la cuisson des aliments dans de l'eau ou dans un liquide savoureux. Il vous faudra une casserole assez profonde pour submerger entièrement l'aliment. Le liquide ne doit pas bouillir.

LE BRAISAGE

Avec cette méthode de cuisson, la viande, le poulet, le poisson et les légumes cuisent lentement et à feu doux dans une petite quantité de liquide dans une casserole fermée hermétiquement, habituellement au four.

Souvent, les aliments sont dorés dans une poêle sur la cuisinière avant d'être braisés dans du vin, du bouillon ou dans une sauce. Convient très bien aux coupes de viande moins tendres.

LA CUISSON À LA POÊLE/SAUTER

La cuisson à la poêle permet d'emprisonner la saveur, mais elle n'est pas la plus saine compte tenu que les aliments cuisent dans un gras. Or, s'il s'agit d'une poêle antiadhésive, la quantité de gras requise est minime ou tout simplement éliminée.

Utilisez de l'huile d'olive, de colza ou de tournesol car elles sont riches en acides gras insaturés, faibles en gras saturés et elles ajoutent du goût. Un aérosol de cuisson antiadhésif ou d'huile et d'eau conviennent aussi très bien.

Cette méthode est rapide, ne requiert qu'une petite quantité de gras ou pas du tout et préserve la fraîcheur et la couleur des aliments. Les légumes demeurent croquants tandis que les viandes et les poissons restent juteux.

Utilisez un wok antiadhésif profond ou une poêle antiadhésive profonde.

LA CUISSON AU MICRO-ONDES

La cuisson au micro-ondes est une méthode faible en gras qui convient très bien aux légumes compte tenu de la petite quantité de liquide requise, ce qui permet de conserver tous les nutriments, la couleur et la texture des aliments.

Trucs pratiques

Voici quelques conseils pour manger plus sainement et contrôler votre pression artérielle en utilisant peu ou pas de sel.

À privilégier

- Évitez d'ajouter du sel en cuisinant et de saler vos aliments à table. Rehaussez plutôt les saveurs naturelles de vos plats avec des fines herbes et des épices, de l'oignon, de l'ail (qui peut aider à baisser la pression artérielle), avec du jus de citron, des vinaigres aromatisés, du chili, des tomates et des fruits. Utilisez des fines herbes autant que possible. Les herbes séchées ont souvent un goût de «gazon» lorsqu'elles sont utilisées dans des plats, tandis que certains mélanges d'herbes contiennent du sel (vérifiez la liste des ingrédients sur l'étiquette).

- Utilisez des marinades pour ajouter de la saveur à vos viandes, poissons et légumes. Utiliser du yogourt faible en gras, des épices, des herbes, du jus de citron et de lime et des vinaigres parfumés permet d'humecter et d'attendrir les aliments, et d'en rehausser la saveur.

- Si vous utilisez des margarines (produits à tartiner) faibles en gras pour la cuisson, assurez-vous qu'elles contiennent plus de 40 % de gras.

- Remplacez la crème de vos recettes par du lait partiellement écrémé et utilisez un peu de fécule de maïs pour épaissir les sauces. Utilisez autant que possible du lait, du yogourt et des fromages faibles en gras.

- Faites cuire vos légumes dans un minimum d'eau non salée pour en préserver la saveur naturelle et les nutriments. Les faire cuire à la vapeur est une méthode plus saine, tout autant que le rôtissage, la cuisson au four ou les sautés. Servez toujours les légumes aussitôt qu'ils sont cuits.
- Pour éliminer l'excès de sel des légumes, légumineuses et fruits en conserve, rincez-les toujours sous l'eau froide ou choisissez des produits sans sel ajouté.

- Consommez plus de légumes et de fruits riches en potassium comme les asperges, les betteraves et les bananes, etc. Ils contribuent à réduire la pression artérielle car ils aident à contrebalancer l'effet du sodium.

- Comblez votre goût de sucre avec des fruits. Préférez toujours les fruits frais, bien que les fruits en conserve et séchés soient aussi valables.

- Vérifiez les étiquettes des aliments; plusieurs, comme le pain ou les céréales contiennent beaucoup de sel «caché». Privilégiez le pain complet.

- Supprimez toujours le gras visible des viandes et la peau de la volaille.

- Remplacez le beurre ou l'huile de vos recettes préférées par des huiles non saturées comme l'huile d'olive, de colza ou de tournesol, ou des margarines (produits à tartiner) faibles en gras. Les poêles antiadhésives permettent de réduire la quantité de gras utilisé.

- Les aérosols à base d'huile et d'eau pour la cuisson en poêle, sur gril ou par rôtissage conviennent aussi très bien à la cuisson faible en gras. Il suffit de mélanger 2/3 d'huile d'olive ou de colza à 1/3 d'eau dans un flacon pulvérisateur. Le mélange peut être agrémenté de fines herbes et d'épices. Vous pouvez aussi vous procurer des aérosols de cuisson du commerce.

- Choisissez des ingrédients et des aliments qui contiennent peu de sel mais qui sont riches en vitamines, en minéraux et en d'autres nutriments.

- Lorsque vous devez acheter des aliments prêts-à-servir, vérifiez les étiquettes afin de choisir ceux qui sont faibles en sel, en gras saturés et en sucre ajouté, mais riches en fibres.

À éviter

- Autant que possible les aliments transformés, y compris les fruits, le poisson, la viande et les légumes prêts-à-manger et en sauce. Ils contiennent souvent beaucoup de sel, de sucre et de gras.

- Portez attention aux étiquettes des aliments pour réduire considérablement votre consommation de sel.

- Ne laissez jamais des légumes fraîchement préparés à découvert et à l'air libre, ou encore à baigner dans de l'eau car leur vitamines naturelles s'échappent dans l'eau et se perdent.

- Essayez de ne pas ajouter de sucre aux fruits ou de sel aux légumes lorsque vous les faites cuire ou les servez.

- Il existe plusieurs produits faibles en sodium sur le marché et qui contiennent souvent du potassium pour rehausser la saveur des aliments. Pour ma part, je n'en apprécie pas le goût et je vous conseille de ne pas vous en servir. Vous éprouverez peut-être des difficultés au début, mais votre meilleur choix santé est d'éliminer entièrement le sel lorsque vous cuisinez. Réduisez graduellement votre consommation et, en un rien de temps, vos papilles s'y seront adaptées et n'y verront aucune différence! Persévérez.

Le garde-manger santé

Cette liste vous permettra de réaliser la plupart des recettes de ce livre et bien d'autres encore.

AU RÉFRIGÉRATEUR

Yogourt nature faible en gras
Lait faible en gras
Crème 10 % M.G. (crème fleurette à teneur réduite en gras)
Fromages faibles en gras ou réduits en gras
Vinaigrettes faibles en gras ou réduites en gras
Mayonnaise réduite en gras
Margarine (produit à tartiner) réduite en gras
Œufs
Jus de fruits fraîchement pressés
Coupes maigres de viande, poisson et crustacés
Une variété de bouillons fraîchement préparés et faibles en sel (en conserve/en sachet)

FRUITS ET LÉGUMES

Une grande variété de fruits et de légumes est essentielle à une bonne santé. La plupart des fruits et légumes sont une bonne source naturelle de potassium et sont faibles en sel. Par exemple:

Ail
Asperges
Bananes
Betteraves
Carottes
Céleri
Champignons
Courges, les différentes variétés
Courgettes
Épinards
Fenouil
Haricots verts
Maïs, épis de maïs
Oignons
Poireaux
Poires
Pois
Pommes
Pommes de terre
Tomates

Ananas
Bleuets (myrtilles)
Citrons
Figues
Petits fruits rouges et noirs
Grenades
Limes
Mangues
Melons
Melons d'eau
Nectarines
Oranges
Pêches
Prunes
Rhubarbe

FINES HERBES ET ÉPICES

Les fines herbes et les épices ajoutent de la couleur et de la saveur aux marinades et remplacent avantageusement le sel dans les recettes.

FINES HERBES ET ÉPICES

Basilic
Cannelle (moulue, bâtons)
Cardamome (moulue, graines)
Cari en poudre (essayez d'en trouver sans sel)
Chili (moulu, frais, flocons)
Ciboulette
Citronnelle
Coriandre (fraîche, moulue, graines)
Cumin (moulu, graines)
Curcuma
Estragon
Fenouil (graines)
Gingembre (racine fraîche, moulu)
Menthe
Moutarde (fraîche, poudre, graines)
Muscade
Origan
Oseille
Paprika (doux, fumé)
Persil
Poivre noir (moulu, grains)
Safran
Sauge
Thym
Vanille (gousse, extrait, essence)

PRODUITS EN CONSERVE ET EMBALLÉS

Préférez les marques sans sel ou sucre ajouté:

Aérosol huile et eau
Aérosol de cuisson
Câpres saumurées
Chutney à la mangue
Confitures, à teneur réduite en sucre
Couscous, différentes céréales
Cubes de bouillon faibles en sel de différents parfums
Farine complète
Farine de maïs
Fruits en conserve, différents types
Harissa
Fruits séchés, différents types
Haricots séchés, légumineuses
Huile d'olive, de colza, de tournesol Huile de sésame
Jus de fruits (canneberges, tomate, pomme, nectar de pêche)
Lait de noix de coco allégé
Maïs en conserve
Miel, sirop de maïs, sirop d'érable
Olives saumurées
Pâtes complètes
Purée de tomates
Riz
Sauce de soja faible en sel
Tahini
Tomates hachées en conserve
Vanille (gousses)
Vinaigres aromatisés (xérès, balsamique)

NOIX, GRAINES ET GRAINS

Amandes (effilées, moulues)
Flocons d'avoine
Flocons de noix de coco
Germe de blé
Graines de citrouille
Graines de sésame
Graines de tournesol
Noisettes
Noix de cajou
Pistaches

Petits-déjeuners et brunches

Haricots au four fromagés

Une combinaison irrésistible de haricots au four accompagnés d'une délicieuse garniture fromagée sur des rôties de pain complet. Un pur délice!

400 g (14 oz) de haricots séchés, trempés toute une nuit, égouttés
1 oignon, haché finement
1 c. à soupe de cassonade foncée
1 c. à soupe de mélasse
400 g (14 oz) de tomates en conserve, hachées
2 c. à soupe de purée de tomates
1 gousse d'ail
1 c. à soupe de vinaigre de vin blanc

Pour la garniture au fromage
3 c. à soupe de lait partiellement écrémé
50 g (2 oz) de cheddar, râpé
1 c. à thé (à café) de moutarde anglaise
1 gros œuf, battu
Une pincée de paprika
4 tranches épaisses de pain complet, rôties
Poivre noir

Pour 4 personnes

Mettre les haricots dans une grande casserole, les couvrir de 4 fois leur volume d'eau froide et les faire bouillir 10 minutes. Baisser le feu, couvrir partiellement la casserole et laisser mijoter 60 à 90 minutes, ou jusqu'à ce que les haricots soient tendres.

Préchauffer le four à 170 °C/325 °F/gaz 3. Mettre les haricots dans une casserole allant au four, ajouter le reste des ingrédients et bien mélanger. Couvrir, et faire cuire au four 1 heure ou jusqu'à formation d'une sauce épaisse (ajouter un peu d'eau pendant la cuisson, si nécessaire).

Faire chauffer à feu doux le lait, le fromage et la moutarde dans une petite casserole jusqu'à ce que le fromage soit fondu. Ajouter l'œuf battu et remuer jusqu'à ce que le mélange ait épaissi, environ 2 minutes. Ne pas trop faire cuire l'œuf pour éviter d'en faire un œuf brouillé. Assaisonner de paprika.

Empiler des haricots sur chaque rôtie, recouvrir de la garniture au fromage et faire dorer sous le gril. Saupoudrer de poivre noir et servir.

4 PORTIONS: 504 KCAL, 33 G PROTÉINES, 9 G GRAS, 3,7 G GRAS SATURÉS, 78 G GLUCIDES, 15,5 G SUCRE, 20,4 G FIBRES, 0,86 G SEL, 337 MG SODIUM

Pamplemousse rose grillé à la cannelle

Une recette simple mais délicieuse. Plus la qualité de votre miel est bonne, meilleurs seront les pamplemousses. Achetez du miel épais car le miel plus liquide tend à fondre avant de caraméliser. Les pamplemousses roses ont plus de saveur et d'arôme que leurs équivalents jaunes.

2 c. à soupe de miel épais
1 c. à thé (à café) de cannelle moulue
2 gros pamplemousses roses

Pour 4 personnes

Faire chauffer le miel et la cannelle à feu doux 5 à 8 minutes. Retirer du feu et laisser infuser pendant 2 heures.

Couper les pamplemousses en deux, horizontalement. Dégager les segments des membranes à l'aide d'un couteau à pamplemousse (ou un petit couteau). Pour que votre pamplemousse reste bien en place, couper à l'aide d'un couteau une mince tranche à la base de chaque moitié.

Préchauffer le gril à la température maximale. Répartir le mélange de miel et cannelle uniformément sur les 4 moitiés de pamplemousse. Lorsque le gril est très chaud, faire griller les pamplemousses pendant 4 à 5 minutes; ils devraient caraméliser légèrement. Laisser tiédir un peu avant de servir.

4 PORTIONS: 54 KCAL, 0,9 G PROTÉINES, 0,1 G GRAS, 0 G GRAS SATURÉS, 13,2 G GLUCIDES, 12,5 G SUCRE, 1,3 G FIBRES, 0,01 G SEL, 4 MG SODIUM

Omelette à la pomme de terre au four et aux porcini

Les champignons porcini frais sont parfois difficiles à trouver. Vous pouvez les utiliser séchés ou les remplacer par des tranches épaisses de champignons portobello ou d'un autre au choix.

100 g (3 ½ oz) de champignons porcini frais ou 15 g (½ oz) séchés
3 c. à soupe d'huile d'olive
300 g (10 oz) de pommes de terre nouvelles, rincées, non pelées, tranchées mince
1 petite gousse d'ail, broyée
½ chili rouge, épépiné et haché finement
2 c. à soupe de persil italien (plat) frais, haché
4 œufs
4 blancs d'œufs
Poivre noir, fraîchement moulu

Pour 4 personnes

Préchauffer le four à 180 °C/350 °F/gaz 4.

Submerger d'eau tiède les champignons frais dans un petit bol et laisser tremper 45 minutes. Les retirer de l'eau, bien les égoutter, les assécher et les trancher mince.

Faire chauffer la moitié de la quantité d'huile dans une poêle antiadhésive de taille moyenne, ajouter les pommes de terre et faire dorer jusqu'à ce qu'elles soient bien cuites. Les retirer de la poêle; réserver. Mettre les champignons et le reste de l'huile dans la poêle et les faire dorer; ajouter l'ail et le chili, et faire cuire 2 minutes de plus. Remettre les pommes de terre dans la poêle, les mélanger aux champignons et au persil. Utiliser 4 mini-poêles ou plats peu profonds allant au four et les enduire légèrement d'huile d'olive. Répartir le mélange de pommes de terre et de champignons dans le fond de chaque poêle.

Dans un bol, fouetter les œufs et les blancs d'œufs avec un peu de poivre noir. Verser dans les 4 poêles et faire cuire au four 40 à 45 minutes. Laisser tiédir un peu avant de servir.

4 PORTIONS: 244 KCAL, 13 G PROTÉINES, 15 G GRAS, 3 G GRAS SATURÉS, 14 G GLUCIDES, 1,2 G SUCRE, 1,9 G FIBRES, 0,43 G SEL, 168 MG SODIUM

Muesli

Vous pouvez ajouter 100 g (3 ½ oz) de raisins secs, si vous désirez, ou essayer la variante estivale. Délectable servi avec des fruits frais et une généreuse cuillerée de yogourt. Peut être conservé dans un contenant hermétique jusqu'à un mois.

125 g (½ tasse) de flocons d'avoine
75 g (3 oz) d'amandes effilées
50 g (2 oz) de germe de blé
60 g (2 ¼ oz) de graines de tournesol
60 g (2 ¼ oz) de graines de sésame
2 c. à soupe d'huile de tournesol
4 c. à soupe de miel ou de sirop de maïs
2 c. à soupe de cassonade
1 ½ c. à thé (à café) d'extrait de vanille
100 g (3 ½ oz) de noix de coco déshydratée ou en flocons

Pour 8 personnes

Préchauffer le four à 180 °C/350 °F/gaz 4. Dans un bol, mélanger les amandes, l'avoine, le germe de blé, les graines de tournesol et les graines de sésame. Dans une casserole, faire chauffer l'huile et 100 ml (3 ½ oz) d'eau tiède. Ajouter le miel ou le sirop de maïs, la cassonade et l'extrait de vanille et porter à ébullition. Verser les ingrédients du bol dans la casserole.

Bien mélanger et étendre en une fine couche dans le fond d'un grand plat de cuisson. Mettre le plat de cuisson au four et faire cuire pendant 15 minutes, en retournant le mélange régulièrement pour faire dorer uniformément. Ajouter la noix de coco, bien mélanger et faire cuire 15 minutes de plus. Enlever le muesli du plat de cuisson et laisser tiédir.

4 PORTIONS: 646 KCAL, 17 G PROTÉINES, 43 G GRAS, 10 G GRAS SATURÉS, 51 G GLUCIDES, 24,2 G SUCRE, 9,2 G FIBRES, 0,05 G SEL, 18 MG SODIUM

Muesli estival

Une variante garnie de juteux petits fruits charnus saupoudrés de sucre à la lavande.

Pour préparer du sucre à la lavande: 3 c. à soupe de sucre, y ajouter 1 c. à thé (à café) de fleurs de lavande séchées, mettre dans un pot hermétique et laisser infuser, idéalement pendant 2 semaines, bien qu'il puisse servir tout de suite.

Crêpes aux graines de pavot aux fruits confits et sirop à la menthe

Ces crêpes, minces et savoureuses, font aussi un succulent brunch. Pour obtenir d'excellents résultats, laissez la pâte reposer pendant 30 minutes avant de la faire cuire.

Pour la pâte
100 g (¾ de tasse) de farine complète
1 œuf
1 jaune d'œuf
1 c. à soupe d'huile de tournesol, et un peu plus pour la cuisson
300 ml (1 ¼ tasse) de lait partiellement écrémé
1 c. à soupe de graines de pavot

Pour la garniture
300 g (10 oz) de fruits séchés prêts-à-manger (ex. abricots, figues, dattes, coupés en petits cubes, et raisin de Smyrne)
2 c. à soupe de miel
Le jus d'un demi-citron
1 bâton de cannelle
2 c. à soupe de gingembre confit en sirop, haché finement
25 g (1 oz) de pignons, rôtis
2 c. à soupe de menthe fraîche, hachée
Sucre à glacer, pour saupoudrer

Pour 4 personnes (donne 12 crêpes)

Pour la pâte: mettre la farine dans un bol, creuser un puits au centre, ajouter l'œuf et le jaune d'œuf, l'huile et un peu du lait. Fouetter la farine dans le liquide et incorporer graduellement le reste du lait pour obtenir une pâte lisse. Incorporer les graines de pavot en remuant; couvrir et laisser reposer 30 minutes.

Mettre les fruits secs dans une casserole avec le miel, le citron et la cannelle. Faire cuire à feu moyen 10 à 12 minutes. Retirer les fruits de la casserole; réserver. Porter le liquide à ébullition et laisser bouillir 5 minutes de plus pour obtenir un sirop.

Faire chauffer un peu d'huile de tournesol dans une crêpière ou une poêle antiadhésive à fond épais de 18 cm (7 po). Verser de la pâte (d'un pichet ou d'une louche) en faisant tourner la poêle pour en couvrir le fond d'une fine couche. Faire cuire 1 minute jusqu'à ce que de petits trous apparaissent à la surface de la crêpe. Utiliser une palette pour la retourner et faire cuire l'autre côté une minute. Coucher la crêpe sur une assiette.

Répéter avec le reste de la pâte pour obtenir environ 12 crêpes. Empiler les crêpes dans une assiette au fur et à mesure qu'elles sont cuites, les couvrir de papier aluminium et les garder au chaud. Les crêpes peuvent aussi être cuites d'avance, déposées sur une assiette, couvertes d'une pellicule plastique et réfrigérées.

Pour servir, placer une petite quantité du mélange aux fruits sur un quart de section de chaque crêpe, plier la crêpe en deux une première fois et une deuxième fois pour créer des pochettes. Mettre les crêpes dans des assiettes, arroser de sirop, saupoudrer de sucre à glacer et servir immédiatement.

4 PORTIONS: 514 KCAL, 11,9 G PROTÉINES, 21,3 G GRAS, 3,8 G GRAS SATURÉS, 73,5 G GLUCIDES, 54,2 G SUCRE, 4,5 G FIBRES, 0,42 G SEL, 167 MG SODIUM

Porridge de riz aux oignons verts et au gingembre

Je le préfère nature, mais ce riz peut être agrémenté de poulet ou de poisson. Ce plat asiatique est traditionnellement servi accompagné d'un *yutao*, un beignet de pain frit offert dans les épiceries asiatiques. Servez-le accompagné de gingembre et de chili rouge hachés.

200 g (1 tasse) de riz au jasmin ou de riz à grain court
1 gousse d'ail, broyée
2 cm (1 po) de gingembre frais, pelé et haché finement
2 c. à soupe de sauce soja légère
2 oignons verts, tranchés finement

Pour 4 à 6 personnes

Porter à ébullition 2 litres (8 tasses) d'eau dans une casserole à fond épais. Ajouter le riz, l'ail et la moitié du gingembre; porter à ébullition.

Baisser le feu et faire mijoter à feu doux pendant 1 heure jusqu'à ce que le riz soit trop cuit et presque en purée, semblable à une bouillie.

Ajouter le reste du gingembre et la sauce soja; bien mélanger. Verser dans 4 bols à soupe, garnir avec les oignons verts et servir.

4 PORTIONS: 172 KCAL, 4 G PROTÉINES, 0 G GRAS, 0 G GRAS SATURÉS, 41 G GLUCIDES, 0,9 G SUCRE, 0,3 G FIBRES, 0,9 G SEL, 356 MG SODIUM

Gruau aux «pierres précieuses»

Facile à préparer, le gruau est à la fois réconfortant et nourrissant. Cette recette est légèrement exotique, invitante, a un goût sublime et est agréable à l'œil. Pour retirer les graines de la grenade, ouvrez-la dans un bol d'eau: les graines iront au fond du bol tandis que les membranes blanches flotteront à la surface.

50 g (2 oz) d'abricots séchés ou en conserve, coupés en petits dés
25 g (1 oz) de raisins secs
25 g (1 oz) de dattes, hachées finement
2 c. à soupe de pistaches (ou d'amandes effilées)
1 grenade coupée en deux, graines retirées, égouttées et asséchées dans un linge (voir ci-dessus)
200 g (2 ⅔ tasses) de flocons d'avoine
1 litre (4 tasses) de lait partiellement écrémé
1 c. à thé (à café) d'eau de fleur d'oranger (facultatif)
3 c. à soupe de sirop d'érable ou de miel

Pour 6 personnes

Dans un bol, faire tremper et gonfler les abricots séchés, si utilisés, et les raisins secs dans de l'eau tiède pendant 1 heure. Égoutter.

Dans un bol, mélanger les raisins secs, les dattes, les abricots, les pistaches, ou les amandes, et les graines de la grenade.

Dans une casserole, porter à ébullition les flocons d'avoine et le lait en remuant continuellement. Baisser le feu et laisser mijoter 3 à 4 minutes jusqu'à ce le gruau ait épaissi. Ajouter l'eau de fleur d'oranger, si utilisée.

Répartir dans 4 bols et garnir chacun d'une montagnes du mélange de fruits. Verser un filet de sirop d'érable, ou de miel, et servir.

6 PORTIONS: 296 KCAL, 11 G PROTÉINES, 8 G GRAS, 2,5 G GRAS SATURÉS, 48 G GLUCIDES, 2,57 G SUCRE, 4 G FIBRES, 0,21 G SEL, 84 MG SODIUM

Quelques-uns de mes laits frappés et jus préférés

Le matin, au réveil, il ne me faut parfois qu'un jus ou un lait frappé rafraîchissant. En voici quelques-uns qui m'aident à commencer la journée du bon pied.

Lait frappé au yogourt aux fraises et fruit de la passion

4 petits fruits de la passion, coupés en deux
100 g (3 ½ oz) de fraises fraîches, coupées en petits dés
225 ml (½ tasse) de yogourt aux fraises faible en gras
1 c. à soupe de germe de blé
300 ml (1 ¼ tasse) de lait partiellement écrémé
Miel, au goût

Pour 4 personnes

Enlever les graines et la pulpe des fruits de la passion à l'aide d'une cuiller et les mettre, avec les fraises, dans le mélangeur. Ajouter le yogourt, le germe de blé et le lait, et réduire en purée lisse. Ajouter du miel et verser dans des verres givrés; servir immédiatement.

4 PORTIONS: 109 KCAL, 6 G PROTÉINES, 2 G GRAS, 1 G GRAS SATURÉS, 17 G GLUCIDES, 15,4 G SUCRE, 1,4 G FIBRES, 0,18 G SEL, 72 MG SODIUM

Lassi à l'ananas, noix de coco et banane

1 ananas moyen
1 banane
150 ml (⅝ de tasse) de lait de coco
250 ml (1 tasse) de lait partiellement écrémé
Le jus d'un citron
Une pincée de cannelle moulue
Miel, au goût

Pour 4 personnes

Enlever l'écorce de l'ananas et la pelure de la banane et couper la chair en petits morceaux. Dans le mélangeur, mettre les morceaux de fruits, le lait de coco, le jus du citron et la cannelle, et réduire en purée onctueuse. Ajouter du miel.

Réfrigérer pendant 30 minutes, verser dans des verres et servir.

4 PORTIONS: 190 KCAL, 3,6 G PROTÉINES, 5,5 G GRAS, 4 G GRAS SATURÉS, 33,9 G GLUCIDES, 33 G SUCRE, 2,8 G FIBRES, 0,18 G SEL, 73 MG SODIUM

Smoothie aux framboises et à l'orange

250 g (½ lb) de framboises fraîches
Le jus de 4 oranges
Sucre, au goût

Pour 4 personnes

Réduire les framboises et le jus des oranges au mélangeur en une purée lisse. Sucrer. Verser dans des verres givrés et servir.

4 PORTIONS: 90 KCAL, 3 G PROTÉINES, 0 G GRAS, 0 G GRAS SATURÉS, 20 G GLUCIDES, 20,4 G SUCRE, 4,3 G FIBRES, 0,03 G SEL, 10 MG SODIUM

Jus de melon d'eau et de grenade

300 g (10 oz) de melon d'eau mûr et juteux
250 ml (1 tasse) de jus de grenade, sans sucre ajouté, si possible
Le jus et le zeste de deux limes
Glace concassée

Pour 4 personnes

Retirer l'écorce du melon d'eau et couper la chair en petits morceaux. Mettre dans le mélangeur avec le jus de grenade et les jus et zeste des limes, et réduire en purée lisse. Verser dans des verres givrés, ajouter de la glace concassée et servir.

4 PORTIONS: 4 PORTIONS: 52 KCAL, 0,6 G PROTÉINES, 0,2 G GRAS, 0 G GRAS SATURÉS, 12,8 G GLUCIDES, 12,8 G SUCRE, 0,1 G FIBRE, 0,0 G SEL, 2 MG SODIUM

Boisson énergisante aux carottes, pommes et gingembre

4 grosses carottes, pelées et coupées en petits morceaux
4 pommes, évidées et coupées en petits morceaux
2,5 cm (1 po) de gingembre frais, pelé et râpé

Pour 4 personnes

Passer tous les ingrédients dans la centrifugeuse. Réfrigérer 30 minutes avant de servir pour permettre aux saveurs de fusionner. Bien remuer avant de verser dans 4 verres givrés et servir.

4 PORTIONS: 143 KCAL, 2 G PROTÉINES, 1 G GRAS, 0 G GRAS SATURÉS, 35 G GLUCIDES, 33,8 G SUCRE, 6,6 G FIBRES, 0,1 G SEL, 39 MG SODIUM

Compote de pruneaux et d'orange au thé noir

Dans cette recette, le thé noir entre dans la composition d'un délicieux sirop pour la traditionnelle compote aux pruneaux.

300 ml (1 ¼ tasse) de jus de pruneaux (sans sucre ajouté)
2 sachets de thé orange pekoe (ou noir en feuilles)
275 g (9 oz) de pruneaux prêts-à-manger
2 oranges juteuses
2 c. à soupe de noisettes, hachées
Yogourt nature faible en gras (facultatif)

Pour 4 personnes

Dans une petite casserole, porter à ébullition le jus de pruneaux. Retirer la casserole du feu, ajouter le thé et laisser infuser à découvert 10 minutes.

Passer à travers un tamis fin au-dessus d'un bol, ajouter les pruneaux, couvrir d'une pellicule plastique et laisser macérer au réfrigérateur jusqu'au lendemain.

Peler les oranges à vif et supprimer l'écorce, couper en tranches au-dessus d'un bol pour recueillir le jus (assurez-vous qu'il n'y a pas de pépins).

Mettre les pruneaux dans des bols individuels et garnir de tranches d'orange. Ajouter le jus d'orange au sirop de pruneaux et verser sur les pruneaux et les oranges. Parsemer de noisettes et servir accompagné d'un peu de yogourt, si désiré.

4 PORTIONS: 203 KCAL, 3,7 G PROTÉINES, 3,6 G GRAS, 0,2 G GRAS SATURÉS, 41,4 G GLUCIDES, 41,3 G SUCRE, 5,6 G FIBRES, 0,05 G SEL, 21 MG SODIUM

Pain perdu farci à la banane

Ce pain perdu est délicieux garni d'une variété de petits fruits colorés.

4 tranches épaisses de pain complet, coupées en diagonale
1 grosse banane mûre
2 œufs, battus
½ c. à thé (à café) de cannelle moulue
100 ml (3 oz) de lait partiellement écrémé
1 c. à soupe de crème 10 % M.G. (crème fleurette faible en gras)
1 c. à soupe de cassonade
1 c. à soupe de zeste d'orange, râpé
2 c. à soupe de sucre à glacer, et un peu plus pour saupoudrer
2 c. à thé (à café) d'huile de tournesol
60 ml (¼ de tasse) de sirop d'érable, chaud, pour servir (facultatif)

Pour 4 personnes

À l'aide d'un couteau bien affûté, faire une entaille sur le côté de chaque tranche de pain, en veillant à ne pas couper le pain entièrement. Peler la banane et l'écraser. À l'aide d'une cuiller, remplir chaque entaille avec de la banane écrasée et appuyer légèrement sur le pain pour bien emprisonner la farce.

Dans un bol, fouetter les œufs, la cannelle, le lait, la crème, la cassonade, le zeste d'orange et le sucre à glacer.

Dans une grande poêle antiadhésive, faire chauffer l'huile à feu moyen. Immerger délicatement chaque tranche de pain farcie de banane dans le mélange aux œufs et faire dorer 2 à 3 minutes de chaque côté.

Déposer dans des assiettes, arroser de sirop d'érable chaud, si utilisé, et servir.

4 PORTIONS: 255 KCAL, 9 G PROTÉINES, 8 G GRAS, 2 G GRAS SATURÉS, 40 G GLUCIDES, 21,7 G SUCRE, 2,5 G FIBRES, 0,4 G SEL, 159 MG SODIUM

Pilaf de champignons portobello

Les portobello sont délicieux poêlés et grillés, et leur saveur viandeuse se prête bien au petit-déjeuner.

2 c. à soupe d'huile d'olive
8 gros champignons portobello, coupés en tranches épaisses
1 petit oignon, haché
1 c. à thé (à café) de poudre de cari douce
¼ c. à thé (à café) de curcuma moulu
4 gousses de cardamome, décortiquées et égrainées
250 g (1 ¼ tasse) de riz basmati (ou riz brun basmati), rincé à l'eau froide courante pendant 5 minutes et égoutté
600 à 750 ml (2 ½ à 3 tasses) de bouillon de légumes chaud (voir page 156; si vous utilisez un bouillon du commerce ou des cubes, choisissez-les faibles en sel)
2 c. à soupe de coriandre fraîche, hachée
2 œufs durs, écalés et coupés en quartiers (facultatif)

Pour 4 personnes

Faire chauffer l'huile dans une poêle profonde antiadhésive à fond épais. Ajouter les champignons et les faire dorer 4 à 5 minutes. Ajouter l'oignon, la poudre de cari, le curcuma et les graines de cardamome, et poursuivre la cuisson 2 à 3 minutes pour permettre aux épices de dégager leur parfum.

Ajouter le riz et bien mélanger. Verser le bouillon chaud, bien remuer, porter à ébullition et laisser mijoter, couvert et à feu doux, 15 à 18 minutes, ou jusqu'à ce que le riz soit tendre et que le liquide soit entièrement absorbé.

Transférer dans une grande assiette de service, parsemer de coriandre et garnir avec les œufs durs, si utilisés.

4 PORTIONS: 300 KCAL, 9 G PROTÉINES, 7 G GRAS, 1 G GRAS SATURÉS, 53 G GLUCIDES, 1,3 G SUCRE, 3,5 G FIBRES, 0,08 G SEL, 31 MG SODIUM

Tomates en grappe et champignons rôtis aux herbes

Je garnis souvent ces tomates et champignons d'un œuf poché dont le jaune, lorsqu'on le coupe, enrobe les tomates aux herbes.

4 gros champignons portobello, nettoyés
2 c. à soupe d'huile d'olive
1 c. à thé (à café) de romarin frais, haché
1 c. à thé (à café) de thym citronnelle (ou de thym ordinaire)
½ c. à thé (à café) de zeste de citron, râpé
1 c. à soupe de vinaigre balsamique
400 g (14 oz) de tomates en grappe
4 muffins anglais de blé complet

Pour 4 personnes

Préchauffer le four à 200 °C/400 °F/gaz 6. Mettre les champignons sur un côté d'une plaque à biscuits, les arroser avec la moitié de l'huile d'olive, les parsemer de fines herbes, du zeste de citron et du vinaigre balsamique. Faire rôtir 10 minutes. Ajouter les tomates sur l'autre côté de la plaque et faire rôtir 5 minutes de plus, jusqu'à ce qu'elles soient tendres.

Faire dorer les deux côtés des muffins sous un gril chaud. Garnir chaque muffin d'un champignon rôti et de quelques tomates rôties.

Arroser les tomates d'un filet du jus de cuisson, s'il en reste, et servir.

4 PORTIONS: 243 KCAL, 10 G PROTÉINES, 8 G GRAS, 1,1 G GRAS SATURÉS, 35 G GLUCIDES, 4,5 G SUCRE, 2,1 G FIBRES, 1,13 G SEL, 444 MG SODIUM

Bagatelle à la rhubarbe et aux prunes

Cette recette est ma variante d'une bagatelle délicieuse et facile à réaliser pour le petit-déjeuner. Faites différents essais avec diverses combinaisons de fruits.

100 g (3 ½ oz) de germe de blé
150 ml (⅝ de tasse) de jus de pomme non sucré
300 g (10 oz) de rhubarbe, coupée en morceaux de 2 cm (1 po)
250 g (½ lb) de prunes, dénoyautées et coupées en gros morceaux
1 c. à soupe de sucre
Miel au goût
5 c. à soupe de yogourt nature faible en gras, et plus pour servir
2 c. à soupe d'amandes effilées, rôties
Petites feuilles de menthe, pour garnir

Pour 4 personnes

Mettre le germe de blé et le jus de pomme dans un bol; couvrir d'une pellicule plastique et réfrigérer jusqu'au lendemain.

Mettre la rhubarbe et les prunes dans une casserole avec le sucre et 5 c. à soupe d'eau. Couvrir et porter à ébullition. Baisser le feu et laisser mijoter 4 à 5 minutes. Retirer du feu et laisser tiédir.

Ajouter un peu de miel et le yogourt aux flocons d'avoine trempés.

Répartir la moitié du mélange au germe de blé dans 4 jolis verres à bagatelle, et couvrir avec la moitié de la compote à la rhubarbe et aux prunes. Répéter avec le reste du mélange au germe de blé et de la compote. Couronner d'une cuillerée de yogourt, parsemer d'amandes rôties et décorer de menthe, si utilisée.

4 PORTIONS: 188 KCAL, 9,8 G PROTÉINES, 5,5 G GRAS, 0,3 G GRAS SATURÉS, 26,5 G GLUCIDES, 19,1 G SUCRE, 6,3 G FIBRES, 0,05 G SEL, 21 MG SODIUM

Soupes et salades

Soupe froide d'avocat à la salsa aux oignons

Choisissez les avocats Hass qui sont moins cireux que les autres. Vous les reconnaîtrez à leur écorce rugueuse vert foncé, presque mauve.

2 gros avocats mûrs
300 ml (1 ¼ tasse) de bouillon de légumes, froid (voir page 156; si vous utilisez un bouillon du commerce ou des cubes, choisissez-les faibles en sel)
300 ml (1 ¼ tasse) de lait froid partiellement écrémé
4 oignons verts, hachés
Le jus de 2 limes
Une pincée de cumin moulu
Poivre noir
Un peu de tabasco

Pour la salsa
2 oignons verts, hachés
1 c. à soupe de ciboulette, hachée
1 petite échalote, hachée
Le jus d'une lime
1 c. à soupe de sirop d'érable

Pour 4 personnes

Couper les avocats en deux sur la longueur et en retirer les noyaux. Peler les moitiés et mettre la chair dans le mélangeur avec le bouillon, le lait, les oignons verts et le jus de lime. Réduire en purée jusqu'à consistance lisse.

Assaisonner avec le cumin moulu, le poivre noir et du tabasco. Verser dans un bol, couvrir d'une pellicule plastique et réfrigérer 30 minutes avant de servir.

Préparer la salsa en mélangeant, dans un bol, tous les ingrédients; assaisonner avec un peu de poivre.

Répartir la soupe dans 4 bols refroidis et couronner chacun d'une montagne de salsa.

4 PORTIONS: 262 KCAL, 5 G PROTÉINES, 23 G GRAS, 3,3 G GRAS SATURÉS, 9 G GLUCIDES, 7 G SUCRE, 4 G FIBRES, 0,11 G SEL, 45 MG SODIUM

Soupe de pommes de terre, d'ail sauvage et d'oseille

La saveur de l'ail sauvage s'apparente à celle de l'ail, mais elle est plus douce. Il est délicieux aussi servi en salade, surtout vers la fin de la saison lorsqu'il présente ses minuscules fleurs blanches.

2 c. à soupe d'huile de colza
2 petits poireaux, hachés
1 oignon, haché
200 g (7 oz) de feuilles d'ail sauvage, hachées
2 pommes de terre moyennes, pelées et coupées en petits morceaux
1 litre (4 tasses) de bouillon de légumes (voir page 156; si vous utilisez un bouillon du commerce ou des cubes, choisissez-les faibles en sel)
150 ml (⅝ de tasse) de lait partiellement écrémé
50 g (2 oz) de feuilles d'oseille, déchiquetées en petits morceaux
Poivre noir

Pour 4 personnes

Faire chauffer l'huile dans une casserole à fond épais. Ajouter les poireaux, l'oignon et les feuilles d'ail sauvage. Faire cuire pendant 6 à 8 minutes, jusqu'à ce que les légumes soient tendres.

Ajouter les pommes de terre et le bouillon, et porter à ébullition. Baisser le feu et laisser mijoter 25 à 30 minutes, jusqu'à ce que les pommes de terre soient tendres.

Mettre les pommes de terre dans le mélangeur et réduire en purée lisse. Remettre la soupe sur le feu et ajouter le lait et l'oseille. Remuer jusqu'à ce que l'oseille soit flétrie. Poivrer et servir.

4 PORTIONS: 147 KCAL, 6 G PROTÉINES, 7 G GRAS, 0,8 G GRAS SATURÉS, 16 G GLUCIDES, 5,2 G SUCRE, 3 G FIBRES, 0,13 G SEL, 52 MG SODIUM

Soupe aux moules épicée

Cette soupe française classique faite de moules, de safran et de cari est exceptionnellement savoureuse et a un goût de revenez-y. Assurez-vous que vos moules sont bien charnues et que les coquilles sont bien fermées lorsque vous les achetez et consommez-les le jour même.

750 ml (3 tasses) de fumet de poisson (voir page 156; si vous utilisez un bouillon du commerce ou des cubes, choisissez-les faibles en sel)
Une généreuse pincée de safran
1 c. à soupe d'huile d'olive
1 petit poireau, haché
1 gousse d'ail, broyée
1 c. à thé (à café) de poudre de cari douce
60 ml (¼ de tasse) de vin blanc sec
700 g (1 ½ lb) de moules fraîches, ébarbées
150 ml (⅝ de tasse) de lait partiellement écrémé
2 c. à thé (à café) de fécule de maïs, mélangée à autant d'eau froide
2 c. à soupe de cerfeuil frais, ou de persil italien (plat), haché
Poivre noir

Pour 4 personnes

Dans une casserole, porter à ébullition le fumet de poisson et le safran; laisser infuser à feu très, très doux, pendant 8 à 10 minutes.

Faire chauffer l'huile dans une grande casserole, ajouter le poireau et l'ail et faire cuire 2 minutes. Ajouter la poudre de cari, faire cuire 1 minute. Ajouter le vin blanc et faire bouillir à gros bouillons pendant 2 minutes.

Mettre les moules dans la casserole et arroser du fumet de poisson au cari chaud. Porter de nouveau à ébullition, couvrir et laisser mijoter 2 à 3 minutes ou jusqu'à ce que les moules se soient ouvertes.

Égoutter les moules dans une passoire, passer le fumet à travers un tamis au-dessus d'une casserole propre. Décortiquer les moules; jeter toutes celles qui sont encore fermées.

Porter de nouveau le fumet à ébullition, ajouter le lait, et ensuite, en remuant, le mélange de fécule de maïs pour épaissir. Ajouter le cerfeuil ou le persil, et poivrer.

Répartir les moules dans 4 bols à soupe et y verser le bouillon chaud.

4 PORTIONS: 111 KCAL, 9 G PROTÉINES, 5 G GRAS, 0,9 G GRAS SATURÉS, 7 G GLUCIDES, 3,1 G SUCRE, 0,9 G FIBRES, 0,49 G SEL, 195 MG SODIUM

Soupe aux lentilles, à la noix de coco et aux épinards

N'importe quelles lentilles font l'affaire, mais les lentilles du Puy sont, à mon avis, les meilleures.

1 c. à thé (à café) de graines de cumin
1 c. à thé (à café) de graines de cardamome
1 c. à soupe d'huile d'olive
1 oignon, haché
1 gousse d'ail, broyée
2 carottes, pelées et en petits dés
175 g (6 oz) de lentilles du Puy
1 litre (4 tasses) de bouillon de légumes (voir page 156; si vous utilisez un bouillon du commerce ou des cubes, choisissez-les faibles en sel)
150 ml (5/8 de tasse) de lait de coco réduit en gras
Une poignée de jeunes pousses d'épinards, tiges enlevées
Poivre noir

Pour 4 personnes

Faire chauffer une poêle antiadhésive à sec. Ajouter les graines de cumin et de cardamone et les faire rôtir rapidement pendant 30 secondes, en remuant continuellement.

Les réduire en une fine poudre à l'aide d'un mortier et d'un pilon ou d'un moulin à épices.

Faire chauffer l'huile dans une casserole, ajouter les légumes et les faire attendrir à feu doux avec les épices pendant 4 à 5 minutes. Ajouter les lentilles et le bouillon, porter à ébullition et laisser mijoter 20 minutes, ou jusqu'à ce que les lentilles soient tendres. Ajouter le lait de noix de coco 5 minutes avant la fin de la cuisson.

Tout juste avant de servir, incorporer les jeunes pousses d'épinards Assaisonner de poivre noir, au goût, et servir.

4 PORTIONS: 234 KCAL, 13 G PROTÉINES, 8 G GRAS, 3,8 G GRAS SATURÉS, 29 G GLUCIDES, 5,6 G SUCRE, 5,5 G FIBRES, 0,25 G SEL, 99 MG SODIUM

Soupe au melon brodé, à la citronnelle et à la menthe

Si vous ne trouvez pas de melon à chair orangée, n'importe quel autre type de melon fera l'affaire; le melon d'eau fait une variante intéressante.

1 melon brodé mûr
Le jus de 2 limes
2 c. à soupe de xérès sec
1 c. à soupe de vinaigre balsamique
2 c. à thé (à café) de sucre
4 tiges de citronnelle, l'enveloppe extérieure enlevée, la partie intérieure hachée
8 feuilles de menthe fraîche

Pour 4 personnes

Couper le melon en deux, retirer les graines, enlever l'écorce au couteau et couper la pulpe en cubes.

Mettre les cubes dans le mélangeur avec le jus de lime, le xérès, le vinaigre, le sucre et la citronnelle, ainsi que 150 ml (5/8 de tasse) d'eau froide. Réduire en purée lisse, ajouter la moitié de la menthe et passer une fois de plus au mélangeur. Passer à travers un tamis au-dessus d'un bol. Réfrigérer pendant au moins 4 heures; plus la soupe sera froide, meilleure elle sera.

Pour servir, ciseler le reste des feuilles de menthe et les ajouter à la soupe. Servir froide.

4 PORTIONS: 50 KCAL, 1 G PROTÉINES, 0 G GRAS, 0 G GRAS SATURÉS, 11 G GLUCIDES, 9,8 G SUCRE, 1,7 G FIBRES, 0,04 G SEL, 16 MG SODIUM

Soupe aux noix de cajou et au chou-fleur

Comme la plupart des noix, les noix de cajou sont une source de fibres et de protéines et une excellente source de potassium, qui contribue à faire baisser la pression artérielle. Or, parce qu'elles contiennent beaucoup de gras et de calories, évitez d'en manger trop sur une courte période.

1 c. à soupe d'huile d'olive
1 petit oignon, pelé et haché
1 petit chou-fleur, séparé en bouquets
1 pomme de terre moyenne, pelée et hachée
75 g (3 oz) de noix de cajou non salées
½ c. à thé (à café) de cumin moulu
Une pincée de curcuma moulu
750 ml (3 tasses) de bouillon de légumes (voir page 156; si vous utilisez un bouillon du commerce ou des cubes, choisissez-les faibles en sel)
150 ml (⅝ de tasse) de lait partiellement écrémé
Poivre noir

Pour 4 personnes

Faire chauffer l'huile dans une casserole à fond épais. Ajouter l'oignon et le chou-fleur. Faire cuire 6 à 8 minutes, jusqu'à ce que les légumes soient tendres. Ajouter la pomme de terre et faire cuire 5 minutes de plus.

Ajouter les noix de cajou, le cumin, le curcuma et le bouillon, porter à ébullition, baisser le feu et laisser mijoter 15 à 20 minutes, jusqu'à ce que les légumes soient tendres.

Ajouter le lait, verser dans le mélangeur et réduire en une purée lisse et onctueuse. Assaisonner de poivre noir et servir.

4 PORTIONS: 224 KCAL, 11 G PROTÉINES, 14 G GRAS, 1,7 G GRAS SATURÉS, 15 G GLUCIDES, 6,7 G SUCRE, 3,4 G FIBRES, 0,13 G SEL, 52 MG SODIUM

Goulasch aux haricots de Lima

Bien que cette recette soit d'inspiration végétarienne, vous pouvez ajouter 250 g (½ lb) de bœuf haché maigre aux légumes pour la rendre encore plus nourrissante.

1 c. à soupe d'huile d'olive
1 oignon, pelé et haché
2 carottes, pelées et coupées en dés de 0,5 cm (¼ de po)
2 branches de céleri, pelées et tranchées mince
1 gousse d'ail, broyée
1 c. à thé (à café) de graines de carvi, grossièrement écrasées
1 c. à soupe de paprika doux hongrois
200 g (7 oz) de tomates en conserve sans sel ajouté
1 c. à soupe de purée de tomates sans sel ajouté
Une généreuse pincée de sucre
300 g (10 oz) de haricots de Lima, cuits
800 ml (3 ¼ tasses) de bouillon de légumes (voir page 156; si vous utilisez un bouillon du commerce ou des cubes, choisissez-les faibles en sel)
2 c. à soupe de persil italien (plat) frais, haché
Poivre noir

Pour 4 personnes

Faire chauffer l'huile d'olive dans une casserole à fond épais. Ajouter l'oignon, les carottes, le céleri, l'ail et les grains de carvi; faire cuire 4 à 5 minutes, jusqu'à ce que les légumes soient un peu tendres sans faire dorer. Ajouter le paprika et faire cuire 2 minutes de plus.

Ajouter les tomates, la purée de tomates et le sucre, puis les haricots de Lima. Verser le bouillon sur les légumes, porter à ébullition, baisser le feu et laisser mijoter 20 à 25 minutes, jusqu'à ce que les légumes soient tendres. Ajouter le persil haché et poivrer; servir.

4 PORTIONS: 143 KCAL, 8 G PROTÉINES, 4 G GRAS, 0,4 G GRAS SATURÉS, 20 G GLUCIDES, 7,9 G SUCRE, 5,7 G FIBRES, 0,26 G SEL, 104 MG SODIUM

Soupe à la patate douce, au gingembre et à la cannelle

Cette soupe est idéale pour quiconque goûte à la patate douce pour la première fois.

1 c. à soupe d'huile d'olive
1 gros oignon, haché
2 grosses patates douces à chair orangée, pelées et coupées en dés
2,5 cm (1 po) de gingembre frais, pelé et haché
1 c. à thé (à café) de cannelle moulue
1 litre (4 tasses) de bouillon de légumes (voir page 156; si vous utilisez un bouillon du commerce ou des cubes, choisissez-les faibles en sel)
100 g (½ tasse) de riz brun, cuit
1 c. à soupe de ciboulette, hachée
Poivre noir
Croûtons de blé complet croustillants (facultatif)

Pour 4 personnes

Faire chauffer l'huile dans une grande poêle à fond épais. Ajouter l'oignon et faire cuire à feu doux 5 minutes, jusqu'à ce qu'il commence à devenir tendre.

Ajouter les patates douces, le gingembre et la cannelle, et faire revenir pendant 5 minutes de plus. Ajouter le bouillon et le riz cuit. Porter à ébullition. Laisser mijoter 30 minutes, jusqu'à ce que les légumes soient tendres.

Verser dans le mélangeur et réduire en purée lisse. Servir la soupe chaude, garnie de ciboulette hachée et de quelques croûtons croustillants.

4 PORTIONS: 4 PORTIONS: 221 KCAL, 4 G PROTÉINES, 4 G GRAS, 0,7 G GRAS SATURÉS, 45 G GLUCIDES, 11,6 G SUCRE, 4,5 G FIBRES, 0,22 G SEL, 88 MG SODIUM

Bouillon de crevettes à la thaïlandaise

Utilisez un bon fumet de poisson frais et vous obtiendrez une soupe aux crevettes savoureusement parfumée, regorgeant de vitalité et de fraîcheur.

1 litre (4 tasses) de fumet de poisson (voir page 156; si vous utilisez un fumet du commerce ou des cubes, choisissez-les faibles en sel)
5 cm (2 po) de gingembre frais, pelé et tranché
1 chili rouge, tranché très mince
2 tiges de citronnelle, l'enveloppe extérieure enlevée et la partie intérieure hachée
4 feuilles de lime, finement ciselées
50 g (2 oz) de jeunes pousses d'épinards
125 g (¼ de lb) de nouilles de riz, brisées en petits morceaux
4 oignons verts, ciselés
Une poignée de feuilles de coriandre fraîche
225 g (½ lb) de crevettes, décortiquées et cuites
Poivre noir
Le jus d'une demi-lime

Pour 4 personnes

Porter le fumet de poisson à ébullition. Ajouter le gingembre, le chili, la citronnelle et les feuilles de lime. Baisser le feu et laisser mijoter pendant 15 minutes.

Ajouter les épinards, les nouilles et les oignons verts; laisser mijoter pendant 5 minutes de plus.

Ajouter en dernier la coriandre et les crevettes, poivrer et incorporer le jus de lime. Servir immédiatement.

4 PORTIONS: 175 KCAL, 16 G PROTÉINES, 1 G GRAS, 0,1 G GRAS SATURÉS, 27 G GLUCIDES, 0,6 G SUCRE, 0,4 G FIBRES, 1,13 G SEL, 443 MG SODIUM

Soupe d'agneau à la marocaine (harira)

Nourrissante et savoureuse, cette soupe à elle seule est un repas. Le citron est ajouté à la fin pour lui donner un goût légèrement acidulé.

225 g (½ lb) d'un gigot d'agneau maigre, coupé en cubes de 1 cm (½ po)
1 c. à soupe d'huile d'olive
¼ de c. à thé (à café) de curcuma
½ c. à thé (à café) de cannelle moulue
½ c. à thé (à café) de gingembre moulu
2 oignons, hachés
2 c. à soupe de coriandre fraîche, hachée
400 g (14 oz) de tomates hachées en conserve sans sel ajouté
1 c. à thé (à café) de harissa ou 1 petit chili rouge, épépiné et haché
125 g (¼ de lb) de lentilles rouges
125 g (¼ de lb) de pois chiches, cuits (s'ils sont en conserve, les rincer à l'eau froide)
50 g (2 oz) de vermicelles, brisés en morceaux de 2,5 cm (1 po)
1 œuf, battu avec le jus d'un quart de citron
Un peu plus de jus de citron, pour servir (facultatif)

Pour 4 personnes

Mettre les cubes d'agneau dans une casserole, ajouter l'huile, les épices, les oignons et la coriandre. Remuer à feu doux 10 minutes sans laisser la viande dorer.

Ajouter les tomates et leur jus ainsi que la harissa. Couvrir de 1 ½ litre (6 tasses) d'eau froide. Porter à ébullition, baisser le feu, ajouter les lentilles, et laisser mijoter à feu doux 2 heures.

Au moment de servir, ajouter les pois chiches cuits et les morceaux de vermicelles, et laisser mijoter pendant 5 minutes de plus.

Incorporer le mélange d'œuf et de jus de citron à l'aide d'une cuiller en bois pour créer des filaments d'œuf. Poivrer et servir immédiatement, accompagné de citron supplémentaire, si désiré.

4 PORTIONS: 392 KCAL, 31 G PROTÉINES, 13 G GRAS, 4,1 G GRAS SATURÉS, 41 G GLUCIDES, 6,7 G SUCRE, 4,7 G FIBRES, 0,56 G SEL, 220 MG SODIUM

Aubergines à la marocaine

Ce plat peut être servi chaud ou froid, mangé avec une fourchette ou servir de trempette.

400 g (14 oz) d'aubergine en cubes de 2 cm (1 po)
3 c. à soupe d'huile d'olive
2 gousses d'ail, broyées
1 chili rouge, épépiné et haché
1 grosse courgette, en morceaux de 2 cm (1 po)
¼ de c. à thé (à café) de curcuma moulu
½ c. à thé (à café) de cumin moulu
½ c. à thé (à café) de paprika
300 g (10 oz) de tomates italiennes, en cubes de 1 cm (½ po)
3 c. à soupe de persil italien (plat) frais, haché grossièrement
3 c. à soupe de coriandre fraîche, hachée grossièrement
Poivre noir
Le jus d'un quart de citron

Pour 4 personnes

Porter une casserole d'eau à ébullition, ajouter l'aubergine et la laisser mijoter 15 minutes. Bien égoutter et assécher à l'aide d'un linge.

Faire chauffer l'huile d'olive dans une grande poêle antiadhésive. Ajouter l'ail, le chili et la courgette, et faire ramollir à feu doux. Ajouter l'aubergine cuite et les épices. Faire cuire 5 minutes de plus avant d'ajouter les tomates. Poursuivre la cuisson et écraser les légumes à l'aide d'une cuiller pour obtenir une pulpe composée de gros morceaux.

Lorsque le mélange est bien cuit, ajouter les herbes, le poivre noir et le jus de citron. Laisser tiédir. Servir idéalement à la température ambiante.

4 PORTIONS: 122 KCAL, 3 G PROTÉINES, 9 G GRAS, 1,2 G GRAS SATURÉS, 7 G GLUCIDES, 5,6 G SUCRE, 3,5 G FIBRES, 0,03 G SEL, 13 MG SODIUM

Soupe au maïs rôti avec maïs soufflé au chili

Il vous faudra du maïs en épi pour cette recette; les épis contribuent à rehausser la saveur de ce bouillon de base. Utilisez du maïs soufflé non salé.

2 gros épis de maïs avec leurs feuilles
1 litre (4 tasses) de bouillon de légumes (voir page 156; si vous utilisez un bouillon du commerce ou des cubes, choisissez-les faibles en sel)
2 c. à soupe d'huile d'olive
1 oignon, pelé et haché
Le blanc d'un petit poireau, haché
2 tortillas de maïs en petits morceaux
150 ml (⅝ de tasse) de lait partiellement écrémé

Pour le maïs soufflé au chili
100 g (3 ½ oz) de maïs soufflé nature, non salé
Une pincée de poudre de chili
Une pincée de cumin moulu

Pour 4 personnes

Préchauffer le four à 190 °C/375 °F/gaz 5.
Mettre les épis de maïs non épluchés dans une rôtissoire, les arroser d'une cuiller à soupe d'huile d'olive et les faire cuire au four 30 minutes, en les tournant régulièrement jusqu'à ce qu'ils soient carbonisés mais pas brûlés. Sortir du four, enlever les feuilles et retirer les grains à l'aide d'un couteau; réserver.

Couper les épis en petits morceaux, les mettre dans une marmite, couvrir de bouillon et porter à ébullition. Baisser le feu, laisser mijoter 45 minutes et passer au tamis; jeter les épis.

Faire chauffer l'huile dans une casserole, ajouter l'oignon et le poireau et faire cuire à feu moyen 2 à 3 minutes. Ajouter les morceaux de tortillas, le bouillon et les grains de maïs; porter à ébullition. Laisser mijoter 30 minutes. Réduire en purée lisse au mélangeur. Ajouter le lait et poivrer. Garder au chaud.

Mettre le maïs soufflé dans un bol, ajouter la poudre de chili et le cumin; bien mélanger. Servir la soupe dans des bols chauds, en couronnant de maïs soufflé aromatisé au chili.

4 PORTIONS: 402 KCAL, 10,2 G PROTÉINES, 20,4 G GRAS, 2,7 G GRAS SATURÉS, 47,3 G GLUCIDES, 6,6 G SUCRE, 2,9 G FIBRES, 0,81 G SEL, 321 MG SODIUM

Cocktail de salade de crabe

Servez ce cocktail dans des verres à martini pour une présentation tout à fait élégante. Essayez autant que possible de vous procurer du crabe frais.

1 grosse orange
1 pamplemousse rose
100 g (3 ½ oz) d'ananas, en cubes de 1cm (½ po)
50 g (2 oz) de raisins de Smyrne, ayant trempé 30 minutes dans de l'eau tiède, égouttés et asséchés
350 g (1 ½ lb) de chair de crabe frais
Le jus de 2 limes
2 c. à soupe de sirop d'érable
1 c. à thé (à café) de vinaigre de xérès
2 c. à soupe de crème 10 % M.G. (crème fleurette réduite en gras)
2 c. à soupe de coriandre fraîche, hachée (et un peu plus pour garnir)
Poivre
Les feuilles de 2 petites laitues romaines, déchiquetées

Pour 4 personnes

Peler soigneusement l'orange et le pamplemousse. À l'aide d'un couteau bien affûté, détaillez-les en suprêmes, en conservant les jus. Couper les segments en dés.

Mettre les dés d'orange et de pamplemousse dans un bol, ajouter l'ananas et les raisins secs. Incorporer délicatement la chair de crabe.

Dans un autre bol, fouetter le jus de lime, le sirop d'érable, le vinaigre et le jus des fruits. Ajouter la crème et la coriandre, poivrer et bien mélanger. Ajouter la vinaigrette à la chair de crabe aux fruits, poivrer et bien mélanger.

Disposer les feuilles de laitue au fond de 4 verres à martini, surmonter du mélange au crabe, garnir de coriandre et servir.

4 PORTIONS: 176 KCAL, 16 G PROTÉINES, 3 G GRAS, 0,9 G GRAS SATURÉS, 23 G GLUCIDES, 22,8 G SUCRE, 2 G FIBRES, 0,95 G SEL, 376 MG SODIUM

Salade de morue, de crustacés et de poivrons rôtis

Les fruits de mer doivent être rincés à l'eau froide courante pour en éliminer tout surplus de sel.

150 ml (⅝ de tasse) de fumet de poisson (voir page 156; si vous utilisez un fumet du commerce ou des cubes, choisissez-les faibles en sel)
1 feuille de laurier
400 g (14 oz) de filets de morue sans peau
200 g (7 oz) de poivrons rouges, rôtis dans l'huile, égouttés
2 gousses d'ail, broyées
2 c. à soupe de persil italien (plat) frais, haché grossièrement
250 g (½ lb) de fruits de mer variés (crevettes, moules, calmars), cuits, rincés à l'eau froide et asséchés
1 c. à thé (à café) de vinaigre de xérès
Le jus d'un demi-citron
3 c. à soupe d'huile d'olive
Poivre noir
Une pincée de paprika fumé
Quartiers de citron, pour garnir

Pour 6 personnes

Faire chauffer le fumet de poisson et la feuille de laurier dans une petite casserole. Porter à ébullition, baisser le feu, ajouter la morue et pocher 4 à 5 minutes. Retirer le poisson du liquide et le laisser tiédir.

Retirer la feuille de laurier, porter de nouveau le liquide à ébullition et laisser réduire de moitié. Transférer dans un grand bol et laisser refroidir.

Couper les poivrons en lanières et les mettre dans un bol avec l'ail, le persil, les fruits de mer, le fumet de poisson réduit refroidi, le vinaigre de xérès, le jus de citron et l'huile d'olive. Bien mélanger. Ajouter le filet de morue effeuillé, poivrer et assaisonner de paprika fumé. Mélanger délicatement. Servir accompagné de quartiers de citron.

4 PORTIONS: 328 KCAL, 34 G PROTÉINES, 17 G GRAS, 2,3 G GRAS SATURÉS, 10 G GLUCIDES, 5,5 G SUCRE, 4,4 G FIBRES, 2,81 G SEL, 1107 MG SODIUM

Salade de betteraves, fenouil et grenade

Vous pouvez utiliser des betteraves déjà cuites, mais non marinées. Pour retirer les graines de la grenade, ouvrez-la dans un bol d'eau: les graines iront au fond, les membranes blanches flotteront à la surface.

600 g (1 ⅓ lb) de petites betteraves avec leurs tiges
2 c. à soupe d'huile d'olive
2 bulbes de fenouil, pelés et en quartiers
2 endives (chicorées), feuilles détachées
250 g (½ lb) de feuilles de roquette
2 c. à soupe de feuilles de persil italien (plat) frais
1 grenade moyenne, graines retirées et égouttées (voir ci-dessus)

Pour la vinaigrette
1 c. à soupe de tahini
100 ml (3 ½ oz) de yogourt nature faible en gras
1 c. à thé (à café) de cumin moulu
1 gousse d'ail, broyée
Le jus d'un citron
Poivre noir

Pour 4 personnes

Préchauffer le four à 180 °C/350 °F/gaz 4.

Pour la vinaigrette: mélanger le tahini, le yogourt, le cumin et l'ail dans un bol; incorporer le jus de citron et poivrer; réserver.

Parer les betteraves en laissant une partie des tiges. Les disposer sur une feuille d'aluminium, les arroser avec l'huile d'olive, ajouter les quartiers de fenouil et sceller le papier d'aluminium. Mettre sur une plaque à biscuits et faire rôtir 60 à 90 minutes, jusqu'à ce que les légumes soient tendres. Frotter les betteraves encore chaudes pour en retirer la peau; les couper en petits quartiers.

Mélanger les endives, la roquette et le persil et répartir dans 4 assiettes. Surmonter de betteraves rôties et de fenouil, arroser de vinaigrette, garnir de graines de grenade et servir.

4 PORTIONS: 220 KCAL, 9 G PROTÉINES, 11 G GRAS, 1,6 G GRAS SATURÉS, 22 G GLUCIDES, 18,1 G SUCRE, 8,1 G FIBRES, 0,35 G SEL, 138 MG SODIUM

Salade de courge et de noix de coco

La courge musquée et la citrouille sont probablement les variétés de courge les plus courantes, mais n'importe quelle convient à cette salade.

1 petite courge musquée, pelée, épépinée et coupée en gros cubes
1 courge oignon, Hubbard ou au choix pelée, épépinée et en gros cubes
2 grosses courgettes en tranches épaisses
1 c. à soupe d'huile d'olive
Poivre noir, fraîchement moulu
Arachides, pour garnir

Pour la vinaigrette
1 c. à thé (à café) de pâte de cari rouge thaï
150 ml (⅝ de tasse) de lait de coco faible en gras
Le jus de 2 limes
2,5 cm (1 po) de gingembre frais, pelé et râpé
2 c. à soupe de coriandre fraîche, hachée
1 c. à soupe de menthe fraîche, hachée

Pour 4 personnes

Préchauffer le four à 200 °C/400 °F/gaz 6.

Déposer les courges et les courgettes dans une rôtissoire, les arroser d'un peu d'huile d'olive et poivrer. Faire rôtir au four pendant 25 à 30 minutes ou jusqu'à ce qu'elles soient tendres et caramélisées; laisser tiédir.

Dans un bol, fouetter les ingrédients pour la vinaigrette.

Mettre les courges dans un bol, y verser la vinaigrette et mélanger. Servir parsemé d'arachides.

4 PORTIONS: 194 KCAL, 7 G PROTÉINES, 11 G GRAS, 4,5 G GRAS SATURÉS, 19 G GLUCIDES, 11,6 G SUCRE, 4,9 G FIBRES, 0,19 G SEL, 76 MG SODIUM

Salade de thon aux chili, melon d'eau et pamplemousse

Le thon doit être très frais car il est servi légèrement grillé à l'extérieur et à demi cru au centre. Les fruits se marient très bien au thon dans cette merveilleuse salade.

4 filets de thon très frais de 150 g (5 oz) chacun, parés
4 c. à soupe d'huile d'olive
4 c. à thé (à café) de grains de poivre noir, concassés
100 g (3 ½ oz) de melon d'eau, pelé et coupé en cubes
1 avocat, coupé en deux, dénoyauté et tranché
1 pamplemousse, pelé et détaillé en suprêmes (conserver le jus)
3 oignons verts, hachés
1 chili rouge, épépiné et haché
Le jus d'un citron
250 g (½ lb) de mesclun
Cresson pour garnir (facultatif)

Pour 4 personnes

Préchauffer le barbecue, ou la plaque à griller, jusqu'à ce qu'il soit presque fumant. Badigeonner les filets de thon avec 1 c. à soupe d'huile d'olive, les mettre sur les grains de poivre concassés et bien appuyer.

Faire cuire sur le gril chaud 30 secondes de chaque côté pour sceller l'extérieur; retirer et réserver.

Mettre le melon d'eau, l'avocat, le pamplemousse et les oignons verts dans un bol. Ajouter le chili, le reste de l'huile, et les jus de citron et de pamplemousse. Mélanger, puis incorporer les feuilles de laitue.

Couper chaque filet de thon en 3 tranches. Répartir la salade dans 4 assiettes, surmonter du thon, et parsemer de cresson, si utilisé, et servir.

4 PORTIONS: 413 KCAL, 38 G PROTÉINES, 25 G GRAS, 3,9 G GRAS SATURÉS, 10 G GLUCIDES, 7,1 G SUCRE, 2,5 G FIBRES, 0,2 G SEL, 79 MG SODIUM

Panzanella aux nectarines grillées

La panzanella est souvent appelée « salade de restes» car elle comporte une grande variété d'ingrédients. Lorsqu'elles sont en saison, les nectarines donnent à la salade une fraîcheur bien juteuse.

4 nectarines fermes mais mûres, dénoyautées et en 6 quartiers
4 c. à soupe d'huile d'olive
1 petite miche de pain blanc en cubes de 1 cm (½ po), rôtis
300 g (10 oz) de tomates cerises, coupées en deux
1 oignon rouge, tranché mince
50 g (2 oz) d'olives vertes, dénoyautées et rincées
125 g (¼ de lb) de mozzarella fraîche, en gros cubes
300 g (10 oz) de feuilles de roquette
20 petites feuilles de basilic ou de cresson
1 c. à soupe de vinaigre balsamique blanc ou de vin blanc
1 gousse d'ail, broyée
Poivre

Pour 4 personnes

Préchauffer le barbecue, ou la plaque à griller, jusqu'à ce qu'il soit presque fumant. Badigeonner toute la surface des nectarines avec 1 c. à soupe d'huile d'olive et les faire griller 4 à 5 minutes, en tournant régulièrement pour carboniser légèrement de tous les côtés. Retirer du gril, laisser tiédir et poivrer. Dans un bol, mélanger les tomates, l'oignon, les olives vertes, la mozzarella, la roquette et le basilic ou le cresson.

Fouetter ensemble le vinaigre, le reste de l'huile d'olive et l'ail. Assaisonner de poivre noir. Verser la vinaigrette sur les tomates, mélanger et ajouter les cubes de pain grillés. Laisser mariner 20 minutes.

Répartir la salade dans 4 assiettes et couronner avec les nectarines grillées.

4 PORTIONS: 485 KCAL, 21 G PROTÉINES, 27 G GRAS, 9,9 G GRAS SATURÉS, 43 G GLUCIDES, 17,1 G SUCRE, 5 G FIBRES, 2,03 G SEL, 798 MG SODIUM

Salade de poulet à l'indienne

Cette salade est faible en gras, et la vinaigrette au yogourt et à la betterave est excellente.

4 poitrines de poulet de 170 g (6 oz) chacune, désossées et sans peau
2 jeunes laitues romaines
200 g (7 oz) de laitue frisée
200 g (7 oz) de haricots verts
2 c. à soupe de menthe hachée

Pour la marinade
Le jus d'un citron
100 ml (3 ½ oz) de yogourt nature faible en gras
2 c. à soupe de coriandre hachée
2,5 cm (1 po) de gingembre râpé
2 gousses d'ail, broyées
1 c. à soupe de garam masala
½ c. à thé (à café) de poivre de cayenne
1 c. à soupe d'huile de tournesol

Pour la vinaigrette
1 grosse betterave, pelée et en gros cubes
1 gousse d'ail, broyée
100 ml (3 ½ oz) de yogourt nature faible en gras
Le jus d'un demi-citron
Une pincée de cumin moulu
Poivre

Pour 4 personnes

Mettre le poulet dans un plat à l'épreuve de la corrosion. Mélanger les ingrédients de la marinade dans un bol et la verser sur le poulet. Couvrir d'une pellicule plastique et laisser mariner au réfrigérateur jusqu'au lendemain.

Passer les betteraves dans la centrifugeuse. Verser le jus dans une petite casserole et faire réduire de moitié. Laisser tiédir dans un bol. Ajouter l'ail, le yogourt, le jus de citron et le cumin; poivrer et réserver.

Préchauffer le barbecue ou la plaque à griller. Sortir les poitrines de la marinade, les badigeonner d'huile et les faire griller 6 à 8 minutes jusqu'à ce qu'elles soient dorées et légèrement carbonisées.

Mettre les feuilles des laitues, les haricots verts et la menthe dans un bol, ajouter un peu de la sauce à la betterave et mélanger. Répartir dans 4 assiettes. Trancher le poulet et le mettre sur la salade. Parsemer de menthe hachée et servir.

4 PORTIONS: 289 KCAL, 47 G PROTÉINES, 6 G GRAS, 1,3 G GRAS SATURÉS, 11 G GLUCIDES, 8,2 G SUCRE, 3,3 G FIBRES, 0,53 G SEL, 209 MG SODIUM

Taboulé de quinoa au citron avec légumes grillés

Le goût noiseté du quinoa remplace avantageusement le blé concassé qui entre habituellement dans la composition de ce plat.

175 g (6 oz) de quinoa
450 ml (2 tasses) d'eau bouillante
2 petites aubergines en tranches épaisses
2 courgettes en tranches épaisses
1 poivron rouge, épépiné, en quartiers, puis en gros cubes
1 poivron jaune, épépiné, en quartiers, puis en gros cubes
1 bulbe de fenouil en tranches de 2 cm (1 po)
2 c. à soupe d'huile d'olive
Poivre noir
Le zeste et le jus de 2 citrons
2 c. à soupe de petites câpres, égouttées, rincées et asséchées
50 g (2 oz) de noix de Grenoble, hachées
12 feuilles de menthe, hachées grossièrement
2 c. à soupe de persil italien (plat) frais, haché grossièrement

Pour 4 personnes

Mettre le quinoa dans une casserole avec l'eau bouillante, couvrir, baisser le feu et laisser cuire environ 20 minutes pour attendrir. Égoutter dans une passoire et laisser tiédir dans un bol.

Badigeonner généreusement les aubergines, les courgettes, les poivrons et le fenouil d'huile d'olive et poivrer.

Préchauffer le barbecue ou la plaque à griller. Lorsque la surface est très chaude, faire légèrement carboniser les légumes, par petites quantités à la fois, et les ajouter au quinoa cuit.

Ajouter le jus et le zeste de citron, les câpres, les noix de Grenoble et les herbes hachées. Bien mélanger, rectifier l'assaisonnement et servir.

4 PORTIONS: 330 KCAL, 12 G PROTÉINES, 17 G GRAS, 1,7 G GRAS SATURÉS, 34 G GLUCIDES, 11,4 G SUCRE, 5,5 G FIBRES, 0,49 G SEL, 191 MG SODIUM

Salade de tortilla au poulet fumé

Cette salade, qui marie une variété impressionnante de saveurs, se trouve en tête de liste de mes plats préférés.

1 carotte, pelée et en fines lanières
1 poivron rouge, épépiné et en fines lanières
1 poivron vert, épépiné et en fines lanières
1 poivron jaune, épépiné et en fines lanières
2 c. à soupe d'huile de tournesol
2 tortillas de maïs
Une poignée de feuilles de coriandre fraîche
225 g (½ lb) de grains de maïs sucré (le maïs en conserve sans sel fait bien l'affaire; le rincer à l'eau froide et l'assécher)
200 g (7 oz) de haricots noirs, cuits
400 g (14 oz) de poulet fumé, en lanières

Pour la vinaigrette
Une poignée de feuilles de coriandre fraîche
1 échalote, hachée
1 chili rouge, épépiné et haché
2 c. à soupe de miel
Le jus de 4 limes

Pour 4 personnes

Pour la vinaigrette: réduire en purée au mélangeur la coriandre, l'échalote et le chili avec 100 ml (3 ½ oz) d'eau. Incorporer le miel et le jus de lime.

Mettre la carotte et les poivrons dans un bol, y verser la vinaigrette et bien mélanger. Réserver pendant 20 minutes.

Faire chauffer l'huile dans une poêle antiadhésive et faire dorer les tortillas environ une minute de chaque côté. Les retirer de la poêle et les assécher sur un papier absorbant; laisser tiédir.

Briser les tortillas en petits morceaux et les ajouter aux légumes. Ajouter la coriandre, les grains de maïs, les haricots noirs et le poulet, et mélanger à nouveau. En servir une généreuse quantité dans chaque assiette.

4 PORTIONS: 437 KCAL, 27 G PROTÉINES, 19 G GRAS, 4,5 G GRAS SATURÉS, 43 G GLUCIDES, 14,7 G SUCRE, 6,2 G FIBRES, 3 G SEL, 1182 MG SODIUM

Salade aux tomates rôties à l'espagnole

Cette salade est meilleure lorsqu'elle est réalisée avec des tomates et des fèves de saison bien croquantes.

12 tomates italiennes moyennes fermes, coupées en deux sur la longueur
1 gousse d'ail, broyée
2 c. à thé (à café) de sucre
Poivre noir
Une pincée de cumin moulu
3 c. à soupe d'huile d'olive
275 g (9 oz) de fèves dans leur cosse
2 c. à soupe de menthe fraîche, hachée grossièrement
4 oignons verts, hachés
2 œufs durs, écalés et hachés

Pour la vinaigrette
1 gousse d'ail, broyée
1 chili rouge, épépiné et haché
¼ de c. à thé (à café) de cumin moulu
4 c. à soupe d'huile d'olive
2 c. à thé (à café) de vinaigre de xérès
¼ de c. à thé (à café) de paprika espagnol

Pour 4 personnes

Préchauffer le four à 65 °C/150 °F/gaz 3.

Disposer les tomates sur une plaque à biscuits, les parsemer d'ail, de sucre, de poivre noir et de cumin. Arroser d'un filet d'huile d'olive. Cuire au four 1 heure jusqu'à ce que les bords des tomates soient retroussés. Laisser tiédir. Cette étape peut être effectuée d'avance.

Faire cuire les fèves dans de l'eau bouillante 3 minutes; égoutter et rincer à l'eau froide. Les assécher avec un ligne et enlever les peaux.

Mélanger les ingrédients de la vinaigrette dans un bol. Dans un autre bol, ajouter les fèves, la menthe et les oignons verts aux tomates, et ajouter de la vinaigrette, au goût.

Servir la salade parsemée d'œufs hachés.

4 PORTIONS: 318 KCAL, 10 G PROTÉINES, 24 G GRAS, 3,7 G GRAS SATURÉS, 16 G GLUCIDES, 11,2 G SUCRE, 6,9 G FIBRES, 0,17 G SEL, 68 MG SODIUM

Hors-d'œuvre et repas légers

Beignets de crabe et crevettes à la salsa à la mangue

Ces beignets sont faciles à préparer et vraiment délicieux.

1 c. à soupe d'huile de tournesol
12 grosses crevettes cuites, pelées et déveinées
Feuilles de cresson de jardin, ou de cresson d'eau, pour garnir

Pour les beignets de crabe
475 g (1 lb) de chair de crabe frais
100 ml (3 ½ oz) de chapelure de blé complet
1 c. à thé (à café) de cumin moulu
¼ de c. à thé (à café) de curcuma moulu
¼ de c. à thé (à café) de paprika
4 c. à soupe de mayonnaise réduite en gras
2 c. à soupe de coriandre fraîche, hachée
½ c. à thé (à café) de flocons de chili rouge séché
Le jus d'un demi-citron
Poivre

Pour la salsa à la mangue
1 poivron rouge, épépiné et en petits dés
1 petite mangue, pelée et en petits dés
2 c. à soupe de coriandre fraîche, hachée
2 c. à soupe de sirop d'érable
¼ de c. à thé (à café) de harissa ou 1 petit chili rouge, haché finement
2,5 cm (1 po) de gingembre frais, pelé et râpé
Le jus de 2 limes
Poivre

Pour 6 personnes

Pour les beignets, mélanger les ingrédients dans un bol. Poivrer et réfrigérer pendant un maximum de 4 heures pour permettre au mélange de prendre un peu.

Diviser le mélange au crabe en 6 galettes rondes de taille égale, d'environ 7 cm (3 po) de diamètre, et remettre au réfrigérateur.

Préparer la salsa en mélangeant, dans un bol, tous les ingrédients; poivrer au goût. Laisser les saveurs fusionner pendant 1 heure avant de servir.

Pour servir, faire chauffer l'huile dans une grande poêle à frire antiadhésive, et faire dorer les beignets de crabe 3 à 4 minutes de chaque côté.

Disposer les beignets de crabe dans des assiettes, surmonter de 2 crevettes et couronner de salsa. Garnir de cresson et servir.

6 PORTIONS: 228 KCAL, 23,5 G PROTÉINES, 7 G GRAS, 1 G GRAS SATURÉS, 18,9 G GLUCIDES, 10,9 G SUCRE, 2,2 G FIBRES, 1,76 G SEL, 696 MG SODIUM

Risotto au persil italien (plat), au citron et aux crevettes

La saveur puissante du persil convient très bien à ce risotto coloré.

125 g (¼ de lb) de persil italien (plat), rincé
1 litre (4 tasses) de bouillon de légumes (voir page 156; si vous utilisez un bouillon du commerce ou des cubes, choisissez-les faibles en sel)
1 c. à soupe d'huile d'olive
2 échalotes, hachées finement
300 g (1 ½ tasse) de riz pour risotto (p. ex. arborio ou carnaroli)
2 c. à soupe de vin blanc sec
450 g (1 lb) de crevettes géantes crues, décortiquées, déveinées et coupées en 3
Le zeste et le jus de ¼ de citron
Poivre noir

Pour 4 personnes

Plonger le persil pendant 1 minute dans une petite casserole d'eau bouillante; le réduire en purée au mélangeur avec 100 ml (3 ½ oz) du bouillon de légumes; réserver.

Faire chauffer l'huile d'olive dans une casserole à fond épais, ajouter les échalotes et faire attendrir à feu doux. Ajouter le riz et faire cuire 1 minute, jusqu'à ce qu'il soit transparent. Ajouter le vin blanc et cuire 1 minute.

Entre-temps, porter à ébullition le reste du bouillon; en ajouter un peu au riz et faire cuire jusqu'à ce qu'il soit entièrement absorbé avant d'en rajouter. Poursuivre ainsi jusqu'à ce que le riz ait absorbé tout le bouillon et soit al dente.

Ajouter les crevettes, la purée de persil, le zeste et le jus de citron, et faire cuire 2 minutes. Poivrer, répartir le mélange dans 4 bols et servir.

4 PORTIONS: 377 KCAL, 27 G PROTÉINES, 5 G GRAS, 0,7 G GRAS SATURÉS, 60 G GLUCIDES, 1,1 G SUCRE, 2,8 G FIBRES, 0,64 G SEL, 254 MG SODIUM

Sardines grillées avec relish thaïe

Pour cette recette, les sardines sont grillées dans une panure épicée à la thaïe et accompagnées d'une relish rafraîchissante.

12 à 16 sardines fraîches, parées
2 gousses d'ail, broyées
½ c. à thé (à café) de flocons de chili rouge séché
2,5 cm (1 po) de gingembre frais, râpé
Le jus d'une lime
2 c. à soupe d'huile d'olive
Pincée de sucre

Pour la relish
Le jus de 2 limes
75 g (3 oz) d'arachides, rôties, non salées, et hachées
1 chili rouge, finement haché
1 c. à soupe de sauce chili rouge sucrée
2 c. à soupe de coriandre fraîche, hachée
1 petit poivron rouge, épépiné et haché

Pour 4 personnes

Pratiquer 2 ou 3 entailles dans la chair des sardines, de chaque côté.

Mélanger l'ail, les flocons de chili, le gingembre, le jus de lime, l'huile et le sucre dans un bol; en frotter les sardines de façon à bien les enrober. Réserver pendant 1 heure pour permettre aux saveurs de fusionner.

Mélanger tous les ingrédients de la relish dans un bol. Préchauffer le barbecue, ou la plaque à griller, jusqu'à ce qu'il soit presque fumant. Faire griller les sardines pendant 2 à 3 minutes de chaque côté jusqu'à ce qu'elles soient bien cuites. Couronner de relish et servir immédiatement.

4 PORTIONS: 442 KCAL, 37 G PROTÉINES, 29 G GRAS, 5,5 G GRAS SATURÉS, 8 G GLUCIDES, 5,5 G SUCRE, 1,5 G FIBRES, 0,63 G SEL, 247 MG SODIUM

Maquereau aux haricots verts et aïoli au raifort

Le raifort frais est difficile à trouver dans les épiceries et les magasins d'alimentation. Je me suis donc résigné à utiliser le raifort crémeux plus facile à se procurer. Il peut parfois être assez salé, donc vérifiez bien la teneur en sel sur l'étiquette. Vous pouvez faire rôtir vous-même des poivrons, si vous préférez, mais on en trouve d'excellents en pots dans le commerce.

1 c. à thé (à café) de moutarde de Dijon
Le jus d'un quart de citron
3 c. à soupe d'huile d'olive
450 g (1 lb) de haricots blancs, cuits et chauds
2 poivrons rouges, rôtis, pelés et en petits dés
1 oignon rouge, tranché mince
350 g (¾ de lb) de pommes de terre nouvelles, pelées et tranchées
Poivre noir
4 filets de maquereau frais, sans arêtes, de 120 g (¼ de lb) chacun
Une généreuse poignée de feuilles de roquette
Quartiers de citron, pour garnir

Pour l'aïoli
100 ml (3 ½ oz) de mayonnaise réduite en gras
1 c. à soupe de raifort
1 gousse d'ail, broyée
Poivre

Pour 4 personnes

Préparer d'abord une vinaigrette au citron en fouettant ensemble la moutarde, le jus de ciron et 2 c. à soupe de l'huile d'olive. Ajouter les haricots chauds, les poivrons rôtis, l'oignon et les pommes de terre; assaisonner de poivre noir. Garder au chaud.

Faire chauffer l'huile d'olive qui reste dans une poêle à frire antiadhésive, poivrer les filets de maquereau et faire cuire, la peau vers le bas, pendant 2 à 3 minutes jusqu'à ce que la peau devienne croustillante. Tourner le poisson et faire cuire 2 minutes de plus.

Mélanger les ingrédients pour l'aïoli. Répartir les feuilles de roquette dans des assiettes et surmonter des filets de maquereau. Mettre une petite cuillerée d'aïoli sur un côté de l'assiette et servir.

4 PORTIONS: 645 KCAL, 33,8 G PROTÉINES, 40,6 G GRAS, 6,7 G GRAS SATURÉS, 38.6 G GLUCIDES, 8 G SUCRE, 11,9 G FIBRES, 2,12 G SEL, 837 MG SODIUM

Saumon mariné à la poire et au fenouil

Cette recette est excellente comme hors-d'œuvre pour une occasion spéciale.

1 gousse de vanille ou ½ c. à thé (à café) d'extrait de vanille
450 ml (2 tasses) d'huile d'olive douce
1 c. à thé (à café) de grains de poivre noir, concassés
3 graines d'anis étoilé
4 filets de saumon très frais de 150 g (5 oz) chacun, sans peau, sans arêtes
1 gros bulbe de fenouil, sans les frondes, pelé et coupé en deux
Le jus d'un citron
2 c. à soupe d'aneth frais, haché grossièrement, et un peu plus pour garnir
4 c. à soupe d'huile d'olive
2 petites poires fermes mais mûres, évidées et coupées en deux

Pour 4 personnes

Couper la gousse de vanille en deux sur la longueur. À l'aide d'un petit couteau, récupérer dans un bol les graines noires en grattant l'intérieur de la gousse. Hacher la gousse et mettre les morceaux dans une casserole peu profonde avec l'huile d'olive. Ajouter le poivre et l'anis étoilé, et laisser mijoter 2 minutes. Retirer du feu et laisser reposer. Passer l'huile au tamis et la remettre dans la casserole en utilisant un thermomètre pour la faire chauffer jusqu'à 55 °C (140 °F). En maintenant la température constante, faire cuire les filets de saumon 12 à 15 minutes jusqu'à ce qu'ils soient opaques. Placer le saumon dans une assiette, l'assécher avec un papier absorbant et laisser tiédir.

À l'aide d'une mandoline, couper les moitiés de bulbe de fenouil en tranches très minces. Les ajouter au bol contenant les graines de vanille. Ajouter le jus de citron, l'aneth et les 4 c. à soupe d'huile d'olive. Trancher finement les poires et les ajouter au fenouil. Poivrer et mélanger.

Disposer les filets de saumon dans 4 assiettes, surmonter de fenouil et de poires, et garnir d'aneth supplémentaire. Servir à la température ambiante.

4 PORTIONS: 633 KCAL, 31,3 G PROTÉINES, 53,4 G GRAS, 8,5 G GRAS SATURÉS, 7,4 G GLUCIDES, 6,6 G SUCRE, 2,7 G FIBRES, 0,19 G SEL, 77 MG SODIUM

Spaghettis de blé avec sardines et raisins secs

Les raisins secs ajoutent un petit goût sucré – un très beau mariage de saveurs.

12 sardines, en filets et sans arêtes
Un peu de farine complète
2 c. à soupe d'huile d'olive
1 petit oignon, tranché mince
2 c. à thé (à café) de sucre
60 ml (¼ de tasse) de vinaigre de vin blanc
Une pincée de safran
60 ml (¼ de tasse) de vin blanc sec
450 g (1 lb) de spaghettis de blé complet
40 g (1 ½ oz) de raisins secs, trempés dans de l'eau tiède pendant 30 minutes et égouttés
3 c. à soupe de pignons, légèrement rôtis
Poivre

Pour 4 personnes

Fariner légèrement les filets de sardines. Faire chauffer 1 c. à soupe d'huile d'olive dans une poêle à frire antiadhésive, ajouter les sardines et faire dorer 30 secondes de chaque côté. Retirer de la poêle et laisser égoutter sur du papier absorbant.

Remettre la poêle sur le feu et ajouter le reste de l'huile. Ajouter l'oignon et le sucre, et faire dorer 5 à 6 minutes. Ajouter le vinaigre, le safran et le vin blanc, et faire cuire 2 à 3 minutes. Les retirer de la poêle; réserver. Mettre une couche de filets de sardine dans un plat et recouvrir de l'oignon. Laisser reposer pendant 2 heures avant de les utiliser.

Faire cuire les spaghettis al dente dans une grande casserole d'eau bouillante et les égoutter. Remettre les spaghettis dans la poêle, ajouter les sardines et l'oignon, puis les raisins secs et les pignons. Bien mélanger, poivrer et servir.

4 PORTIONS: 795 KCAL, 51 G PROTÉINES, 29 G GRAS, 4,9 G GRAS SATURÉS, 87 G GLUCIDES, 15,2 G SUCRE, 10,2 G FIBRES, 0,9 G SEL, 355 MG SODIUM

Bouillabaisse de moules

La sauce parfumée à l'anis de cette recette est chaleureusement réconfortante. Couronner avec des tranches de pain baguette grillées à l'ail.

1 c. à soupe d'huile d'olive
1 oignon, haché finement
1 gousse d'ail, broyée
1 petit bulbe de fenouil, pelé et haché
400 g (14 oz) de tomates hachées en conserve, sans sel ajouté
½ c. à thé (à café) de feuilles de thym
1 petite feuille de laurier
Le zeste et le jus d'une demi-orange
700 ml (3 tasses) de fumet de poisson (voir page 156; si vous utilisez un fumet du commerce ou des cubes, choisissez-les faibles en sel)
Une pincée de safran
3 c. à soupe de Pernod
1 kg (2 lb) de moules, ébarbées
1 c. à soupe de persil italien (plat) frais, haché
4 tranches de baguette, grillées, frottées avec de l'ail et badigeonnées d'huile d'olive (facultatif)

Pour 4 personnes

Faire chauffer l'huile d'olive dans une grande casserole à fond épais. Ajouter l'oignon, l'ail et le fenouil, et faire revenir 10 à 12 minutes, jusqu'à ce que les légumes soient sur le point de dorer.

Ajouter les tomates, le thym, la feuille de laurier, le zeste et le jus d'orange, et faire cuire 5 minutes.

Incorporer le fumet de poisson, le safran et le Pernod, et porter à ébullition. Ajouter les moules ébarbées, couvrir et faire cuire 3 à 4 minutes jusqu'à ce que les moules se soient ouvertes. Jeter toutes celles qui sont encore fermées. Disposer dans des plats de service, verser la sauce de cuisson, parsemer de persil haché et servir accompagné des tranches de baguette grillées.

4 PORTIONS: 199 KCAL, 14 G PROTÉINES, 5 G GRAS, 0,7 G GRAS SATURÉS, 20 G GLUCIDES, 5,9 G SUCRE, 2,9 G FIBRES, 1,05 G SEL, 414 MG SODIUM

Pâtes au ragoût de canard et gremolata à l'orange et à la sauge

Les pâtes complètes s'adaptent bien aux sauces hardies au goût de terroir.

450 g (1 lb) de pâtes complètes sèches (tagliatelle ou penne)

Pour le ragoût de canard
3 c. à soupe d'huile d'olive
4 cuisses de canard frais, sans peau
Poivre noir
1 oignon, pelé et haché
1 carotte, pelée et hachée
2 gousses d'ail, broyées
100 ml (3 ½ oz) de vin rouge
300 ml (1 ¼ tasse) de bouillon de poulet (voir page 156; si vous utilisez un bouillon du commerce ou des cubes, choisissez-les faibles en sel)
200 g (7 oz) de tomates en conserve, hachées
4 feuilles de sauge, hachées
2 c. à soupe de parmesan, râpé

Pour la gremolata
4 feuilles de sauge, hachées
Le zeste d'une orange
½ gousse d'ail, broyée
2 c. à soupe d'huile d'olive

Pour 6 personnes

Faire chauffer l'huile dans une casserole à fond épais ou une lèchefrite à l'épreuve de la chaleur. Poivrer les cuisses de canard et les faire dorer sur tous les côtés. Les transférer dans une assiette. Ajouter l'oignon, la carotte et l'ail au jus de cuisson, et faire dorer légèrement. Ajouter le vin, le bouillon et les tomates; porter à ébullition. Ajouter le canard et la sauge, et baisser le feu. Couvrir et laisser mijoter 1 heure.

Mettre le canard dans une assiette et laisser tiédir. Désosser les cuisses et remettre la viande dans la sauce; laisser cuire 10 minutes de plus. Assaisonner et garder au chaud.

Pour la gremolata, mélanger tous les ingrédients dans un bol. Faire cuire les pâtes al dente dans une grande casserole d'eau bouillante et les égoutter.

Pour servir, mélanger le ragoût de canard et les pâtes, et répartir dans 4 bols. Parsemer d'un peu de parmesan et de gremolata, et faire griller 3 à 4 minutes de chaque côté jusqu'à ce que ce soit légèrement carbonisé.

4 PORTIONS: 242 KCAL, 20 G PROTÉINES, 17 G GRAS, 2,8 G GRAS SATURÉS, 4 G GLUCIDES, 1,2 G SUCRE, 0,1 G FIBRES, 1,07 G SEL, 422 MG SODIUM

Kébabs de foies de poulet avec mayonnaise au citron

Ces foies de poulet sont faciles à préparer et délicieux cuits au barbecue.

20 foies de poulet, frais ou surgelés, soit environ 450 g (1 lb), parés
1 c. à soupe d'huile d'olive
1 c. à thé (à café) de cumin moulu
1 c. à thé (à café) de paprika fumé
2 c. à soupe de vinaigre de vin blanc
Poivre noir

Pour la mayonnaise au citron
150 ml (⅝ de tasse) de mayonnaise réduite en gras
Zeste et jus de 1 citron
2 oignons verts, hachés très finement
1 c. à soupe de coriandre fraîche, hachée
Poivre

Pour 4 personnes

Assécher les foies de poulet avec un papier absorbant pour enlever toute humidité. Dans un bol, mélanger l'huile, les épices et le vinaigre. Ajouter les foies de poulet et laisser mariner 1 heure. Faire tremper 4 brochettes de bois dans l'eau.

Enfiler délicatement 5 foies de poulet sur chaque brochette. Badigeonner avec la marinade.

Faire chauffer le barbecue ou la plaque à griller à la température maximale, et faire griller les brochettes 3 à 4 minutes de chaque côté jusqu'à ce qu'elles soient légèrement carbonisées.

Mélanger les ingrédients pour la mayonnaise au citron dans un bol.

Servir les kébabs et la mayonnaise accompagnés d'une salade croquante et de bâtonnets de pain pita chauds.

4 PORTIONS: 242 KCAL, 20 G PROTÉINES, 17 G GRAS, 2,8 G GRAS SATURÉS, 4 G GLUCIDES, 1,2 G SUCRE, 0,1 G FIBRES, 1,07 G SEL, 422 MG SODIUM

Champignons portobello au four

Un plat élégant regorgeant de nutriments.

8 champignons portobello, pieds enlevés et réservés
2 c. à soupe d'huile d'olive
1 oignon, haché finement
200 g (7 oz) de feuilles d'épinards, cuites et hachées
75 g (3 oz) de tomates séchées au soleil (pas dans l'huile), hachées
175 g (6 oz) de mozzarella réduite en gras, en petits dés
1 jaune d'œuf
Poivre noir
50 g (2 oz) de chapelure de blé complet
2 c. à soupe de pesto prêt-à-utiliser

Pour 4 personnes

Préchauffer le four à 200 °C/400 °F/gaz 6.

Hacher finement les pieds des champignons. Faire chauffer la moitié de l'huile d'olive dans une casserole antiadhésive, faire attendrir l'oignon et les pieds de champignons hachés.

Ajouter les épinards et les tomates; bien mélanger. Transférer le mélange dans un bol et laisser refroidir.

Ajouter la mozzarella, bien mélanger et ajouter le jaune d'œuf. Poivrer.

Badigeonner les chapeaux des champignons avec de l'huile d'olive et remplir chacun avec la garniture. Mettre les champignons farcis sur une seule couche dans un plat allant au four.

Dans un bol, mélanger la chapelure, le reste de l'huile d'olive et le pesto; en parsemer généreusement les champignons. Faire cuire au four 8 à10 minutes jusqu'à ce qu'ils soient tendres, légèrement croustillants et dorés sur le dessus.

4 PORTIONS: 236 KCAL, 18,3 G PROTÉINES, 12,1 G GRAS, 4,4 G GRAS SATURÉS, 14,3 G GLUCIDES, 5,1 G SUCRE, 4,3 G FIBRES, 0,94 G SEL, 370 MG SODIUM

Cari aux œufs, tofu et pois chiches

Un excellent plat végétarien à servir accompagné de riz basmati. La pâte de tamarin contient souvent du sel; vérifiez bien l'étiquette.

1 c. à soupe d'huile de tournesol
1 oignon, tranché mince
300 g (10 oz) de tofu ferme, en cubes de 1 cm (½ po)
½ c. à thé (à café) de poudre de chili
¼ de c. à thé (à café) de curcuma moulu
1 c. à thé (à café) de coriandre moulue
¼ de c. à thé (à café) de cumin moulu
2 généreuses poignées de jeunes pousses d'épinards, les tiges enlevées
2 c. à soupe de coriandre fraîche, hachée
4 tomates italiennes, coupées en cubes de 1 cm (½ po)
400 ml (14 oz) de lait de coco réduit en gras
1 c. à soupe de pâte de tamarin
6 œufs durs, écalés
150 g (5 oz) de pois chiches, cuits
Poivre

Pour 4 personnes

Faire chauffer l'huile dans une casserole, y mettre l'oignon et faire attendrir pendant 5 minutes. Ajouter le tofu et poursuivre la cuisson 2 minutes. Ajouter les épices et faire cuire à feu doux 5 minutes de plus.

Ajouter les pousses d'épinards et la coriandre fraîche; faire flétrir environ 2 minutes. Ajouter les tomates, le lait de coco et la pâte de tamarin. Laisser mijoter doucement 5 minutes de plus.

Couper les œufs durs en deux et les ajouter au cari avec les pois chiches. Poivrer et réchauffer à feu doux. Servir accompagné de riz vapeur.

4 PORTIONS: 385 KCAL, 21,7 G PROTÉINES, 26,0 G GRAS, 12,4 G GRAS SATURÉS, 17,9 G GLUCIDES, 8,5 G SUCRE, 4,1 G FIBRES, 0,82 G SEL, 325 MG SODIUM

Plats principaux

Gnocchis à la citrouille, aux champignons et au persil

Dans cette recette, la chapelure de blé complet prend la forme de beignets légers et aériens, un délicieux plat végétarien.

500 g (4 tasses) de farine complète
100 g (2 tasses) de chapelure de blé complet
1 c. à soupe de parmesan, râpé
2 c. à soupe d'huile d'olive
½ petite citrouille, pelée, épépinée et en dés
300 g (10 oz) de champignons blancs (de Paris), tranchés
2 gousses d'ail, broyées
2 c. à soupe de persil frais, grossièrement haché
Poivre noir et muscade moulus

Pour 4 personnes

Dans un bol, mélanger la farine et la chapelure; ajouter assez d'eau pour obtenir une pâte épaisse, mais souple et élastique. Ajouter le parmesan et mettre la pâte sur la surface de travail farinée. Pétrir 4 à 5 minutes jusqu'à ce qu'elle soit souple.

Abaisser la pâte pour obtenir des ficelles de 2,5 cm (1 po) d'épaisseur et les couper en morceaux de 2 cm (¾ de po). Façonner une boule avec chaque morceau et l'aplatir avec le pouce pour former un petit gnocchi. Porter à ébullition une grande casserole d'eau, ajouter les gnocchis et laisser mijoter 15 à 20 minutes; ils remonteront à la surface. Les retirer à l'aide d'une écumoire et égoutter.

Entre-temps, faire chauffer l'huile dans une poêle antiadhésive, ajouter la citrouille et faire attendrir 4 à 5 minutes à feu moyen. Ajouter les champignons et l'ail, et faire dorer environ 5 minutes. Ajouter le persil et les gnocchis asséchés à la poêle, et bien mélanger. Assaisonner de poivre et de muscade, et servir dans des assiettes creuses.

4 PORTIONS: 4 PORTIONS: 524 KCAL, 21 G PROTÉINES, 10 G GRAS, 1,8 G GRAS SATURÉS, 93 G GLUCIDES, 4,9 G SUCRE, 14,3 G FIBRES, 0,21 G SEL, 84 MG SODIUM

Légumes grillés à l'indienne

Ces légumes sont succulents lorsqu'ils sont cuits au barbecue et accompagnés d'une sauce au yogourt parfumée à la menthe.

1 c. à thé (à café) de cumin moulu
1 c. à thé (à café) de garam masala
1 c. à thé (à café) de coriandre moulue
¼ de c. à thé (à café) de curcuma moulu
½ c. à thé (à café) de poudre de chili
2 gousses d'ail, broyées
Le jus d'un citron
Un peu de colorant alimentaire rouge (facultatif)
150 ml (⅝ de tasse) de yogourt nature faible en gras
4 petits oignons, pelés et coupés en deux
1 céleri-rave, pelé et en gros morceaux
1 petite courge musquée, pelée et en quartiers
400 g (14 oz) de carottes miniatures, pelées
8 aubergines miniatures, coupées en deux
1 gros poivron rouge, épépiné et en lanières larges
2 c. à soupe d'huile d'olive
Quartiers de citron, pour servir
100 ml (3 ½ oz) de yogourt faible en gras
2 c. à soupe de menthe fraîche, hachée, pour servir

Pour 4 personnes

Dans un bol, mélanger les épices, l'ail, le jus de citron et le colorant alimentaire, si utilisé, avec le yogourt.

Blanchir les oignons et le céleri-rave dans une casserole d'eau bouillante pendant 5 minutes; les passer sous l'eau froide, égoutter et assécher. Incorporer la marinade au yogourt et le reste des légumes, en enrobant bien. Couvrir d'une pellicule plastique et réfrigérer 24 ou, idéalement, 48 heures pour permettre aux saveurs de fusionner.

Faire chauffer le barbecue ou la plaque à griller. Retirer les légumes de la marinade, les badigeonner d'huile, les faire cuire en les tournant régulièrement 20 à 25 minutes, jusqu'à ce qu'ils soient tendres et entièrement cuits. Servir accompagnés de quartiers de citron et de yogourt parfumé à la menthe.

4 PORTIONS: 254 KCAL, 10 G PROTÉINES, 9 G GRAS, 1,2 G GRAS SATURÉS, 35 G GLUCIDES, 25,1 G SUCRE, 13,2 G FIBRES, 0,62 G SEL, 242 MG SODIUM

Galettes aux pois cassés et à l'abricot

Ces galettes (vadas) sont un type de collation du sud de l'Inde. Servir accompagnées de chutney au tamarin.

225 g (½ lb) de pois cassés, ayant trempé dans l'eau toute une nuit
75 g (3 oz) d'abricots séchés, ayant trempé dans de l'eau tiède, égouttés et asséchés
2 c. à soupe de farine de pois chiches
1 c. à thé (à café) de graines de cumin, légèrement rôties
½ c. à thé (à café) de poudre de cari
½ c. à thé (à café) de graines de fenouil, légèrement rôties
1 petit chili vert, épépiné et haché
1 petit oignon, haché
Huile de tournesol, pour faire frire
100 ml (3 ½ oz) de yogourt nature faible en gras, pour servir
Chutney au tamarin, pour servir

Pour 4 personnes

Moudre grossièrement les pois cassés et les abricots au mélangeur. Transférer dans un bol, ajouter la farine de pois chiches, les épices, le chili et l'oignon; bien mélanger. Réfrigérer 30 minutes.

Avec les mains mouillées, diviser le mélange en 24 boules de taille égale et les aplanir légèrement.

Faire chauffer 2,5 cm (1 po) d'huile de tournesol dans une poêle antiadhésive. Lorsqu'elle est assez chaude, y ajouter quelques galettes à la fois et les faire dorer jusqu'à ce qu'elles soient croustillantes. Les égoutter sur du papier absorbant. Disposer les galettes dans une assiette, les garnir de yogourt puis de chutney au tamarin. Servir.

4 PORTIONS: 293 KCAL, 15 G PROTÉINES, 7 G GRAS, 1,3 G GRAS SATURÉS, 45 G GLUCIDES, 10,2 G SUCRE, 5,8 G FIBRES, 0,1 G SEL, 39 MG SODIUM

Gratin d'été provençal

Ce gratin peut être servi comme plat principal végétarien ou en accompagnement. Vous pouvez ajouter de la mozzarella réduite en gras aux légumes avant de les parsemer du mélange pour la croûte.

1 petit oignon rouge, pelé et en quartiers
4 courgettes moyennes en tranches épaisses
2 aubergines en cubes de 2 cm (1 po)
2 bulbes de fenouil parés, sans les frondes et en quartiers
240 g (½ lb) de tomates séchées au soleil, dans de l'huile
2 gousses d'ail, broyées
Poivre noir
100 g (2 tasses) de chapelure de blé complet
1 c. à soupe de pesto prêt-à-utiliser
1 c. à soupe de persil italien (plat) frais, haché

Pour 4 personnes

Préchauffer le four à 200 °C/400 °F/gaz 6.

Dans un bol, mélanger l'oignon, les courgettes, les aubergines, le fenouil, les tomates et leur huile, l'ail et le poivre.
Disposer en une seule couche tous les légumes dans un plat à gratin assez grand. Faire cuire au four 30 minutes, en les arrosant régulièrement avec les jus de cuisson, jusqu'à ce qu'ils soient dorés.

Dans un autre bol, mélanger la chapelure, le pesto et le persil. Parsemer les légumes du mélange de chapelure, remettre le plat au four et faire cuire 5 minutes de plus jusqu'à ce que la croûte soit bien dorée.

4 PORTIONS: 435 KCAL, 10 G PROTÉINES, 34 G GRAS, 4,9 G GRAS SATURÉS, 24 G GLUCIDES, 10,8 G SUCRE, 7,9 G FIBRES, 1,75 G SEL, 690 MG SODIUM

Légumes rôtis au carvi avec polenta aux marrons

Les légumes peuvent être remplacés selon vos préférences. Certaines marques de polenta contiennent du sel; vérifiez toujours l'étiquette.

2 oignons rouges en quartiers
4 carottes, coupées en deux sur la longueur
4 panais, tranchés mince en diagonale
275 g (9 oz) de choux de Bruxelles, coupés en deux
3 c. à soupe d'huile d'olive
Poivre noir
1 c. à thé (à café) de graines de carvi

Pour la polenta
100 g (3 ½ oz) de marrons, cuits, emballés sous vide
1 gousse d'ail, broyée
2 tiges de thym
600 ml (2 ⅓ tasses) de lait partiellement écrémé
125 g (¼ de lb) de polenta à cuisson rapide
Un peu de muscade, râpée

Pour 4 personnes

Préchauffer le four à 200 °C/400 °F/gaz 6. Mettre les légumes dans une rôtissoire, les arroser d'un filet d'huile d'olive, assaisonner de poivre et de carvi, et bien mélanger. Faire rôtir 45 minutes. Entre-temps, réduire en purée les marrons avec un peu d'eau au mélangeur.

Porter le lait, l'ail et le thym à ébullition et laisser mijoter 5 minutes; retirer les tiges de thym.

Saupoudrer petit à petit la polenta sur le lait chaud, en fouettant continuellement au début et ensuite en remuant avec une cuiller en bois alors qu'elle épaissit. Ajouter la purée de marrons et assaisonner de muscade et de poivre noir. La consistance devrait être un peu plus liquide qu'une purée de pommes de terre.

Répartir la polenta dans 4 assiettes, y ajouter les légumes, arroser avec le reste de l'huile d'olive et servir.

4 PORTIONS: 459 KCAL, 14 G PROTÉINES, 15 G GRAS, 3 G GRAS SATURÉS, 71 G GLUCIDES, 29,5 G SUCRE, 13,5 G FIBRES, 0,27 G SEL, 108 MG SODIUM

Calmars aigres-doux avec riz au concombre et au yogourt

Le crabe se prête aussi très bien à cette recette.

650 g (1 ½ lb) de calmars, nettoyés, avec les tentacules
½ c. à thé (à café) de poudre de cari douce
½ c. à thé (à café) de coriandre moulue
1 c. à soupe d'huile de tournesol
1 gousse d'ail, broyée
4 oignons verts, hachés grossièrement
2 c. à soupe de vinaigre de riz
1 c. à soupe de chutney à la mangue, finement haché
2 c. à soupe de sauce chili rouge sucrée
40 g (1 ½ oz) de raisins secs, ayant trempé pendant 30 minutes dans de l'eau tiède, égouttés et asséchés
1 c. à soupe de menthe fraîche, hachée
1 c. à soupe de coriandre fraîche, hachée
¼ de concombre moyen, pelé, épépiné et en tranches épaisses
Le jus de 2 limes
300 g (1 ½ tasse) de riz basmati, cuit
3 c. à soupe de yogourt nature faible en gras
Poivre
Quartiers de lime, pour garnir

Pour 4 personnes

Couper les calmars en morceaux de 1 cm (½ po), sur la longueur. Dans un bol, frotter les morceaux de calmar avec la poudre de cari et la coriandre moulue; réserver.

Faire chauffer l'huile dans un wok ou une poêle antiadhésive, ajouter le calmar, l'ail et les oignons verts, et faire sauter pendant 1 minute. Transférer dans une assiette.

Mettre le vinaigre, le chutney, la sauce chili sucrée, les raisins secs et les herbes dans la poêle, et faire cuire à feu vif 1 minute. Remettre les calmars dans la sauce, ajouter le concombre et le jus de lime, et bien mélanger.

Ajouter le yogourt au riz basmati chaud et poivrer.

Mettre du riz au yogourt dans des assiettes, surmonter de calmars et garnir de quartiers de lime.

4 PORTIONS: 474 KCAL, 32 G PROTÉINES, 6 G GRAS, 0,5 G GRAS SATURÉS, 77 G GLUCIDES, 14,4 G SUCRE, 1,8 G FIBRES, 0,95 G SEL, 376 MG SODIUM

Saumon grillé avec pois et cresson

Garnissez ce plat de pousses de pois mange-tout si vous en trouvez et de pommes de terre nouvelles cuites à la vapeur. Vous pouvez faire cuire les pois à la vapeur au lieu de les faire bouillir.

4 filets de saumon de 175 g (6 oz) chacun, sans peau et sans arêtes
3 c. à soupe d'huile d'olive
Poivre noir
300 g (10 oz) de pois mange-tout, parés
300 g (10 oz) pois «Sugar Snap»
250 g (½ lb) de pois, écossés, frais ou surgelés
1 gousse d'ail, broyée
Le jus d'un demi-citron
100 g (3 ½ oz) de tomates séchées au soleil, dans de l'huile, égouttées et hachées grossièrement
1 c. à thé (à café) de graines de coriandre, concassées
2 c. à soupe de coriandre fraîche, grossièrement hachée
Coriandre fraîche, pour garnir
Une botte de cresson, pour garnir
Pousses de mange-tout fraîches, pour garnir (si offertes)

Pour 4 personnes

Préchauffer le barbecue ou la plaque à griller. Badigeonner légèrement les filets de saumon avec 1 c. à thé (à café) d'huile d'olive et poivrer. Les faire griller 2 à 3 minutes de chaque côté.

Entre-temps, blanchir tous les pois dans une petite quantité d'eau bouillante pendant 1 minute. Bien égoutter et poivrer. Faire chauffer le reste de l'huile avec l'ail, le jus de citron, les tomates, les graines de coriandre et la coriandre fraîche. Faire chauffer à feu doux 5 minutes pour permettre aux saveurs de fusionner.

Pour servir, répartir les pois dans 4 assiettes, les surmonter d'un filet de saumon grillé, arroser d'un peu de vinaigrette aux tomates et garnir de cresson et de pousses de mange-tout, si offertes. Servir immédiatement.

4 PORTIONS: 509 KCAL, 46 G PROTÉINES, 29 G GRAS, 5,4 G GRAS SATURÉS, 16 G GLUCIDES, 8,5 G SUCRE, 6,7 G FIBRES, 0,26 G SEL, 102 MG SODIUM

Darnes de thon à la catalane

Dans cette recette, le poisson est couronné d'une sorte de ratatouille espagnole qui met pleinement en valeur le goût riche du thon, et une vinaigrette relevée ajoute du mordant à la sauce.

4 darnes de thon frais de 180 g (6 oz) chacune
Poivre noir
2 c. à soupe d'huile d'olive
1 oignon en gros dés
2 gousses d'ail, broyées
2 poivrons verts, épépinés et en lanières
1 poivron rouge, épépiné et en lanières
Une généreuse pincée de safran
4 tomates fermes et mûres en gros dés
1 courgette en gros dés
1 c. à thé (à café) de sucre

Pour la vinaigrette épicée
1 c. à soupe de vinaigre de xérès
1 c. à thé (à café) de paprika
¼ c. à thé (à café) de flocons de chili rouge, ou de harissa
1 c. à soupe d'huile d'olive

Pour 4 personnes

Poivrer les darnes de thon. Dans une grande poêle antiadhésive, faire chauffer la moitié de l'huile d'olive, ajouter le thon et faire cuire pendant 1 minute de chaque côté. Transférer dans une assiette et garder au chaud.

Ajouter le reste de l'huile à la poêle, puis l'oignon, l'ail et les poivrons, et faire attendrir pendant 5 minutes. Ajouter le safran, les tomates en dés, la courgette, le sucre et 150 ml (⅝ de tasse) d'eau.

Porter à ébullition, ajouter les darnes de thon, couvrir et laisser mijoter à feu doux 2 à 3 minutes.

Mélanger les ingrédients de la vinaigrette et l'incorporer à la sauce de cuisson. Transférer les darnes dans une assiette de service et servir immédiatement.

4 PORTIONS: 381 KCAL, 45 G PROTÉINES, 17 G GRAS, 3,1 G GRAS SATURÉS, 11 G GLUCIDES, 9,5 G SUCRE, 3,2 G FIBRES, 0,25 G SEL, 99 MG SODIUM

Merlu au four avec pois, laitue et palourdes

Des moules peuvent remplacer les palourdes, en utilisant la même méthode. Ce plat s'accompagne aussi très bien d'une purée de pommes de terre, fouettée avec de l'huile d'olive jusqu'à ce qu'elle soit légère et vaporeuse.

4 œufs
2 c. à soupe d'huile d'olive
1 oignon, haché finement
2 gousses d'ail, broyées
4 darnes de merlu frais de 200 g (7 oz) chacune
600 g (1 ½ lb) de petites palourdes fraîches
125 g (¼ de lb) de pois écossés, frais ou surgelés
Une jeune laitue romaine, coupée en lanières
3 c. à soupe de persil italien (plat) frais, grossièrement haché
150 ml (⅝ de tasse) de vin blanc sec
100 ml (3 ½ oz) de fumet de poisson (voir page 156; si vous utilisez un fumet du commerce ou des cubes, choisissez-les faibles en sel)

Pour 4 personnes

Préchauffer le four à 190 °C/375 °F/gaz 5. Dans une petite casserole, porter de l'eau à ébullition, y glisser délicatement les œufs et laisser mijoter à feu doux 5 minutes pour des œufs mollets. Les retirer de l'eau, les écaler et les garder au chaud.

Entre-temps, dans une casserole allant au four, faire chauffer l'huile d'olive et faire revenir l'oignon et l'ail 1 à 2 minutes. Faire dorer les darnes de merlu 1 à 2 minutes de chaque côté jusqu'à ce qu'elles soient bien cuites.

Ajouter les palourdes, les pois, la laitue, le persil, le vin blanc et le fumet; porter à ébullition. Couvrir et laisser braiser au four 6 à 8 minutes ou jusqu'à ce que le poisson soit tendre.

Disposer le merlu dans des assiettes individuelles, y mettre les palourdes et arroser avec le jus de cuisson. Couper les œufs en deux et les utiliser pour décorer les assiettes. Servir immédiatement.

4 PORTIONS: 401 KCAL, 50 G PROTÉINES, 18 G GRAS, 3,7 G GRAS SATURÉS, 8 G GLUCIDES, 4,1 G SUCRE, 2,2 G FIBRES, 0,78 G SEL, 307 MG SODIUM

Truite au four à l'oseille et aux bleuets (myrtilles)

La saveur acidulée de l'oseille fait bon ménage avec ce plat agrémenté de bleuets (myrtilles).

4 truites brunes fraîches de 225 g (½ lb) chacune, évidées et nettoyées
30 g (1 oz) de feuilles d'oseille
30 g (1 oz) de feuilles de persil italien (plat) frais
175 g (6 oz) de bleuets (myrtilles)
Poivre
1 gousse d'ail, broyée
1 c. à soupe de vinaigre balsamique
½ c. à thé (à café) de moutarde de Dijon

Pour 4 personnes

Préchauffer le four à 190 °C/375 °F/gaz 5.

À l'aide d'un couteau bien affûté, trancher et enlever la tête des poissons. Faire trois entailles sur chaque côté des poissons et les étaler sur la surface de travail, la peau vers le haut. Appuyer doucement sur la colonne des poissons pour la détacher, puis la retirer avec les mains. Enlever autant d'arêtes que possible et redonner sa forme au poisson. Réduire l'oseille et le reste des ingrédients (sauf les bleuets) en une sauce épaisse et onctueuse au mélangeur ou au robot. Poivrer les truites.

Disposer les truites dans un grand plat de cuisson légèrement graissé, les ouvrir, répartir de façon égale la sauce sur la chair et replier les poissons de façon à contenir la sauce. Leur redonner leur forme et les parsemer de bleuets. Couvrir d'une feuille de papier aluminium et faire cuire au four 15 minutes. Découvrir et faire cuire 10 minutes de plus, jusqu'à ce que les truites soient cuites.

Soulever délicatement les poissons à l'aide d'une pelle et mettre chacun dans une assiette. Arroser avec le jus de cuisson et servir accompagné de carottes miniatures cuites à la vapeur.

4 PORTIONS: 324 KCAL, 44 G PROTÉINES, 14 G GRAS, 2,9 G GRAS SATURÉS, 5 G GLUCIDES, 3,9 G SUCRE, 1,2 G FIBRES, 0,38 G SEL, 149 MG SODIUM

Vivaneau en eau folle

Ce plat au nom intrigant a été créé par des pêcheurs de Naples, en Italie, qui faisaient cuire leur poisson dans de l'*acqua pazza*, ou «eau folle». Vous pouvez servir le vivaneau sur un lit d'épinards et de pois chiches légèrement sautés dans de l'huile d'olive.

2 c. à soupe d'huile d'olive
¼ de c. à thé (à café) de flocons de chili rouge séché
2 petites feuilles de laurier
2 gousses d'ail, pelées et émincées
60 ml (¼ de tasse) de vin blanc sec
1 citron, tranché mince
1 filet d'anchois, ayant trempé dans de l'eau pendant 10 minutes, puis haché
2 c. à soupe de petites câpres extrafines, égouttées, rincées et asséchées
300 g (10 oz) de tomates fermes mûres, hachées
4 filets de vivaneau de 175 g (6 oz) chacun, nettoyés
Poivre
3 c. à soupe de persil italien (plat) frais, haché grossièrement

Pour 4 personnes

Mettre l'huile d'olive, les flocons de chili, les feuilles de laurier et l'ail dans une casserole peu profonde. Couvrir de vin et de 400 ml (1 ⅓ tasse) d'eau et porter à ébullition. Ajouter les tranches de citron, l'anchois, les câpres et les tomates; baisser le feu et laisser mijoter.

Poivrer le poisson et l'ajouter au bouillon avec le persil; le liquide ne devrait monter qu'à la moitié du poisson. Couvrir, baisser le feu et pocher le vivaneau pendant 3 à 4 minutes jusqu'à ce qu'il soit tendre.

Transférer le poisson dans des assiettes creuses, y verser une partie du bouillon et servir.

4 PORTIONS: 239 KCAL, 35,7 G PROTÉINES, 8,3 G GRAS, 1,3 G GRAS SATURÉS, 4,6 G GLUCIDES, 4,1 G SUCRE, 1,2 G FIBRES, 0,86 G SEL, 339 MG SODIUM

Dorade aux kumquats et aux artichauts

Si vous n'avez pas de kumquats, des segments ou des tranches d'orange font tout aussi bien l'affaire.

3 c. à soupe d'huile d'olive
450 g (1 lb) de grosses pommes de terre nouvelles, nettoyées et coupées en deux sur la longueur
Poivre noir
300 g (10 oz) d'artichauts, cuits
2 c. à soupe de coriandre fraîche
2 c. à soupe de pignons, rôtis
4 filets de dorade de 175 g (6 oz) chacun, nettoyés
1 échalote, pelée et hachée
125 g (¼ de lb) de kumquats, tranchés
60 ml (¼ de tasse) de vin blanc sec
200 ml (⅞ de tasse) de bouillon de poulet réduit (voir page 156; si vous utilisez un bouillon du commerce ou des cubes, choisissez-les faibles en sel)
1 c. à soupe de vinaigre balsamique

Pour 4 personnes

Préchauffer le four à 190 °C/375 °F/gaz 5.

Faire chauffer la moitié de l'huile d'olive dans un plat de cuisson, y metre les pommes de terre, bien mélanger et poivrer. Faire cuire au four 30 minutes jusqu'à ce qu'elles soient dorées, en les tournant fréquemment. Ajouter les artichauts 10 minutes avant la fin de la cuisson. Sortir le plat du four, ajouter la coriandre et les pignons, et garder au chaud.

Faire chauffer une casserole antiadhésive et y verser le reste de l'huile. Poivrer le poisson et faire cuire un côté jusqu'à ce qu'il soit croustillant, tourner le poisson, et faire dorer l'autre côté pendant 2 minutes de plus. Le retirer de la poêle et garder au chaud. Ajouter l'échalote et les kumquats à la casserole, et les faire dorer à feu doux. Verser le vin blanc, le bouillon réduit et le vinaigre. Faire réduire du tiers, 3 à 4 minutes.

Disposer les légumes dans des assiettes, surmonter avec les filets de dorade, arroser d'un peu de sauce et servir.

4 PORTIONS: 414 KCAL, 35 G PROTÉINES, 17 G GRAS, 2,5 G GRAS SATURÉS, 30 G GLUCIDES, 6,1 G SUCRE, 4,6 G FIBRES, 0,56 G SEL, 220 MG SODIUM

Thon grillé à la courge, avec oignons caramélisés et vinaigrette à la menthe

Ce plat est idéal pour un barbecue. La vinaigrette peut être préparée bien d'avance. Les asperges, comme bien d'autres légumes, sont une bonne source de potassium, qui peut contribuer à baisser la pression artérielle

1 courge oignon (Hubbard ou au choix)
16 pointes d'asperges, parées
1 c. à soupe d'huile d'olive
1 gousse d'ail, broyée
1 chili rouge, épépiné et haché
4 darnes de thon frais de 175 g (6 oz) chacune
Poivre noirr

Pour la vinaigrette
3 c. à soupe d'huile d'olive
2 petits oignons rouges, hachés
1 c. à soupe de miel
2 c. à soupe de vinaigre balsamique
2 c. à soupe de menthe fraîche, hachée
Poivre

Pour 4 personnes

Couper la courge en 12 quartiers, jeter les graines et, à l'aide d'un petit couteau, éliminer la pelure.

Faire cuire les asperges dans une casserole d'eau bouillante 2 à 3 minutes; les retirer de l'eau à l'aide d'une cuiller à égoutter; réserver.

Pour la vinaigrette, faire chauffer 1 c. à soupe d'huile d'olive dans une casserole, ajouter les oignons et faire dorer et attendrir pendant 4 à 5 minutes. Ajouter le miel et faire caraméliser légèrement 15 minutes de plus. Transférer dans un bol et laisser tiédir. Ajouter le vinaigre balsamique, le reste de l'huile et la menthe hachée; poivrer et réserver.

Préchauffer le barbecue ou la plaque à griller. Mélanger la courge et les asperges avec un peu d'huile, l'ail et le chili. Faire griller la courge pendant 10 à 12 minutes, ajouter les asperges, faire griller pendant 5 minutes de plus, ou jusqu'à ce que les légumes soient dorés et légèrement caramélisés. Retirer du barbecue et garder au chaud. Assaisonner le thon et le badigeonner d'un peu d'huile d'olive. Le faire griller 2 à 3 minutes, il doit être encore cru au centre, (ou un peu plus si vous préférez).

Déposer les darnes sur un lit de courge et d'asperges grillées, les arroser de vinaigrette et servir.

4 PORTIONS: 407 KCAL, 44 G PROTÉINES, 19 G GRAS, 3,4 G GRAS SATURÉS, 15 G GLUCIDES, 10,1 G SUCRE, 2,5 G FIBRES, 0,22 G SEL, 89 MG SODIUM

Couscous de poisson

Le couscous est le plat national du Maroc. Il s'agit d'un grain de semoule, donc d'un féculent qui fournit de l'énergie, des fibres, des vitamines et des minéraux. Il peut être servi avec de la viande ou des légumes cuits dans un bouillon épicé. Servez le couscous accompagné d'un choix de légumes rôtis dans une touche d'huile d'olive et assaisonnés de cumin moulu.

4 filets de truite mouchetée
de 175 g (6 oz) chacun, sans arêtes

450 g (1 lb) de couscous à cuisson rapide
500 ml (2 tasses) d'eau bouillante
ou de bouillon de poulet
½ c. à thé (à café) de flocons de chili rouge séché
2 c. à soupe d'huile de tournesol
Légumes à rôtir, par ex. 200 g (7 oz) de courge,
200 g (7 oz) de carottes, 2 courgettes,
en gros morceaux de taille égale

Pour la marinade
1 gousse d'ail, broyée
2 c. à soupe de coriandre fraîche, hachée
(plus quelques feuilles pour garnir)
2 c. à soupe de persil italien (plat) frais, haché
3 c. à soupe d'huile d'olive
½ c. à thé (à café) de cumin moulu
½ c. à thé (à café) de paprika doux
¼ de c. à thé (à café) de poivre de Cayenne
¼ de c. à thé (à café) de curcuma moulu
150 ml (⅝ de tasse) de bouillon de poulet
(voir page 156; si vous utilisez un bouillon
du commerce ou des cubes,
choisissez-les faibles en sel)

Pour 4 personnes

Dans un plat, mélanger tous les ingrédients de la marinade, sauf le bouillon; ajouter les filets de truite et bien mélanger. Couvrir d'une pellicule plastique et laisser mariner au réfrigérateur jusqu'au lendemain.

Préchauffer le four à 200 °C/400 °F/gaz 6 et faire rôtir la courge et les carottes dans un peu d'huile d'olive pendant 25 minutes. Ajouter les courgettes et faire cuire 10 minutes de plus, jusqu'à ce que les légumes soient cuits et dorés.

Mettre le couscous dans un bol, ajouter l'eau bouillante, les flocons de chili rouge et l'huile; bien mélanger. Couvrir d'une pellicule plastique et réserver pendant 5 minutes pour laisser le couscous gonfler. Retirer la pellicule plastique, aérer le couscous à la fourchette, couvrir de nouveau et laisser reposer 2 minutes de plus. Garder au chaud.

Retirer le poisson de la marinade, le mettre dans une rôtissoire et faire cuire pendant 6 à 8 minutes ou jusqu'à ce qu'il soit cuit.

Entre-temps, faire chauffer l'eau ou le bouillon, y incorporer les ingrédients de la marinade en fouettant et porter à ébullition.

Former une montagne de couscous dans des assiettes. Couronner de légumes rôtis puis d'un filet de truite. Arroser d'un filet du bouillon à la marinade, garnir de feuilles de coriandre et servir.

4 PORTIONS: 600 KCAL, 42 G PROTÉINES, 22 G GRAS, 3,7 G GRAS SATURÉS, 62 G GLUCIDES, 4 G SUCRE, 1 G FIBRES, 0,31 G SEL, 122 MG SODIUM

Casserole de morue au four

Avec ce plat, les filets de morue relâchent leur jus dans les pommes de terre pendant la cuisson... Un pur délice.

- 3 c. à soupe d'huile d'olive, pour graisser et arroser
- 1 kg (2 lb) de pommes de terre, pelées et tranchées mince
- 2 oignons, tranchés mince
- Poivre noir
- 1 c. à thé (à café) de romarin frais, haché
- 375 ml (1 ½ tasse) de fumet de poisson, chaud (voir page 156; si vous utilisez un fumet du commerce ou des cubes, choisissez-les faibles en sel)
- 4 filets de morue de 175 g (6 oz) chacun, avec la peau
- 2 c. à soupe d'huile d'olive
- 225 g (½ lb) de chanterelles, tranchées
- 2 c. à soupe de persil italien (plat) frais, haché grossièrement

Pour 4 personnes

Préchauffer le four à 180 °C/350 °F/gaz 4. Graisser légèrement un grand plat allant au four avec un peu d'huile d'olive. Y mettre, en alternance, des couches de tranches de pommes de terre et de tranches d'oignon, en ajoutant du poivre et du romarin entre chaque couche.

Terminer avec des tranches de pommes de terre, en les faisant se chevaucher légèrement. Appuyer fermement sur les pommes de terre. Verser juste assez de bouillon chaud pour couvrir les pommes de terre, recouvrir de papier aluminium et faire cuire au four pendant 40 minutes. Retirer le papier aluminium, faire dorer au four pendant 20 minutes. Poivrer la morue et la déposer sur les pommes de terre, arroser d'un peu d'huile d'olive et remettre au four 10 à 12 minutes.

Faire chauffer le reste de l'huile dans une casserole antiadhésive et y faire dorer les champignons 2 à 3 minutes. Assaisonner, ajouter le persil et bien mélanger. Disposer la morue et les pommes de terre dans des assiettes de service. Garnir de champignons et servir.

4 PORTIONS: 480 KCAL, 39 G PROTÉINES, 16 G GRAS, 2,3 G GRAS SATURÉS, 48 G GLUCIDES, 4,5 G SUCRE, 4,7 G FIBRES, 0,34 G SEL, 135 MG SODIUM

Dorade grillée à la sauce au chou-fleur et aux câpres

Cette sauce est aussi délicieuse avec des pétoncles et des légumes grillés. Idéalement, préparez-la une journée d'avance.

2 c. à soupe d'huile d'olive
1 gousse d'ail, broyée
½ chili rouge, épépiné et haché
450 g (1 lb) de bouquets de chou-fleur
Une généreuse pincée de safran
2 c. à soupe de pignons, rôtis
50 g (2 oz) de raisins secs, trempés dans de l'eau tiède pendant 30 minutes et égouttés
Poivre noir
4 filets de dorade de 175 g (6 oz) chacun, sans arêtes

Pour la sauce
2 c. à soupe de câpres
1 c. à soupe d'estragon, haché
1 c. à soupe de persil frais, haché
1 petit poivron rouge, rôti et en dés
1 échalote, hachée
1 petit œuf dur, écalé et haché
3 c. à soupe d'huile d'olive
Le jus d'un demi-citron
Poivre

Pour 4 personnes

Faire chauffer 1 c. à soupe de l'huile d'olive dans une grande casserole, y faire cuire l'ail, le chili et le chou-fleur 2 minutes. Ajouter un peu d'eau et le safran. Faire cuire à feu doux jusqu'à ce que les bouquets de chou-fleur soient tendres. Ajouter les pignons et les raisins secs, et poivrer.

Préchauffer la plaque à griller ou le barbecue. Poivrer les filets de dorade, les badigeonner d'huile et les faire cuire, la peau vers le bas, 3 à 4 minutes. Les retourner délicatement à l'aide d'une pelle à poisson et cuire 2 à 3 minutes de plus.

Mélanger les ingrédients pour la sauce dans un bol. Disposer les bouquets de chou-fleur dans 4 assiettes, couronner des filets de dorade, arroser d'un peu de sauce aux câpres et servir.

4 PORTIONS: 424 KCAL, 38 G PROTÉINES, 25 G GRAS, 3,7 G GRAS SATURÉS, 14 G GLUCIDES, 12,3 G SUCRE, 3 G FIBRES, 1,18 G SEL, 465 MG SODIUM

Lotte à la betterave, au cumin et aux lentilles braisées

Servez sur un lit de purée crémeuse de pommes de terre ou de panais.

300 g (10 oz) de betteraves, crues, pelées et en gros cubes
2 c. à soupe d'huile d'olive
2 échalotes, hachées
½ c. à thé (à café) de cumin moulu
1 gousse d'ail, broyée
180 g (6 oz) de lentilles du Puy
400 ml (1 ⅔ tasse) de bouillon de poulet réduit (voir page 156; si vous utilisez un bouillon du commerce ou des cubes, choisissez-les faibles en sel)
2 c. à soupe de vinaigre balsamique
1 c. à thé (à café) de sucre
Quelques tiges de thym
4 filets de lotte de 150 g (5 oz) chacun, coupés en 3
2 c. à soupe d'huile de tournesol
Poivre
2 c. à soupe de coriandre fraîche, hachée

Pour la purée d'échalotes
6 grosses échalotes, tranchées
300 ml (1 ¼ tasse) de lait partiellement écrémé
50 g (¼ de tasse) de riz à grain court

Pour 4 personnes

Faire cuire les betteraves, couvertes d'eau, dans une casserole de 50 minutes à 1 heure. Faire chauffer l'huile dans une grande poêle à fond épais, ajouter les échalotes, le cumin et l'ail et faire suer 1 minute. Ajouter les lentilles, le bouillon de poulet et le thym. Porter à ébullition et laisser mijoter 30 minutes. Faire chauffer le vinaigre et le sucre dans une casserole. Ajouter les betteraves et les faire cuire doucement 2 à 3 minutes. Lorsque les lentilles sont cuites, incorporer les betteraves, poivrer et garder au chaud.

Blanchir les échalotes dans une casserole d'eau bouillante 5 minutes et égoutter. Les ajouter à la casserole, ajouter le lait, le riz et porter à ébullition; laisser mijoter 30 minutes. Réduire en purée lisse au mélangeur. Poivrer la lotte. Faire chauffer l'huile dans une poêle antiadhésive, ajouter la lotte et faire dorer 3 à 4 minutes de chaque côté. Disposer dans 4 assiettes, garnir de betteraves, de lentilles et de purée d'échalotes et servir immédiatement.

4 PORTIONS: 458 KCAL, 41 G PROTÉINES, 14 G GRAS, 2,4 G GRAS SATURÉS, 44 G GLUCIDES, 12,3 G SUCRE, 5,8 G FIBRES, 0,35 G SEL, 139 MG SODIUM

Raie rôtie à la sauce aux fruits et aux légumes

La raie consommée très fraîche (dans les huit heures suivant l'achat) est un pur délice. Sinon, il s'en dégage une odeur très prononcée.

1 pomme Granny Smith, pelée et le cœur enlevé
1 petite mangue, pelée
150 g (5 oz) d'ananas frais, paré
2 branches de céleri, parées
1 petit poivron rouge, coupé en deux et épépiné
2 c. à soupe d'huile de colza
4 ailes de raie de 275 g (9 oz) chacune
Poivre noir
Le jus d'un citron
2 c. à soupe de vinaigre de xérès
2 c. à thé (à café) de cassonade
100 ml (3 ½ oz) de jus de tomate sans sel ajouté
1 c. à soupe de petites câpres, rincées et égouttées
2 c. à soupe de persil frais, haché
Épinards, au goût

Pour 4 personnes

Couper la pomme, la mangue et l'ananas en dés de 2 cm (1 po). Couper le céleri et le poivron rouge en morceaux de la même taille; réserver.

Faire chauffer 1 c. à soupe d'huile dans une poêle antiadhésive. Poivrer la raie et la mettre dans la poêle. Faire dorer 3 à 4 minutes chaque côté à feu moyen jusqu'à ce que ce soit croustillant. Transférer dans une assiette et garder au chaud.

Remettre la poêle sur le feu, y mettre les fruits et les légumes, et les faire suer 2 minutes. Ajouter le jus de citron,le vinaigre de xérès, la cassonade et le jus de tomate; laisser mijoter 1 minute. Ajouter les câpres et le persil, et poivrer. Faire cuire les épinards à la vapeur 2 minutes et poivrer.

Disposer les épinards dans une assiette, couronner du poisson, arroser de la sauce et servir.

4 PORTIONS: 267 KCAL, 32 G PROTÉINES, 7 G GRAS, 0,5 G GRAS SATURÉS, 21 G GLUCIDES, 20,1 G SUCRE, 3,5 G FIBRES, 1,02 G SEL, 402 MG SODIUM

Ragoût de fruits de mer

On raconte que les pêcheurs d'autrefois préparaient ce ragoût avec du poisson haché lorsqu'ils se trouvaient en mer.

2 c. à soupe d'huile d'olive
1 bulbe de fenouil, tranché mince
1 oignon, haché
1 gousse d'ail, broyée
½ c. à thé (à café) de flocons de chili rouge
600 g (1 ¼ lb) de poissons mélangés (ex. vivaneau, flétan, meunier), coupés en gros morceaux
60 ml (¼ de tasse) de vin blanc sec
275 ml (9 oz) de fumet de poisson (voir page 156; si vous utilisez un fumet du commerce ou des cubes, choisissez-les faibles en sel)
400 g (14 oz) de tomates, hachées, en conserve sans sel ajouté
12 crevettes, crues, décortiquées et déveinées
60 ml (¼ de tasse) de Pernod
2 c. à soupe de persil italien (plat) frais, haché

Pour 4 personnes

Dans une casserole à fond épais peu profonde, faire chauffer l'huile, y mettre le fenouil, l'oignon et l'ail, et faire revenir à feu doux 8 à 10 minutes jusqu'à ce qu'ils soient tendres et légèrement caramélisés.

Ajouter les flocons de chili et les morceaux de poisson. Verser le vin, faire bouillir pendant 1 minute, ajouter le fumet de poisson et les tomates; porter à ébullition. Ajouter les crevettes et le Pernod, et laisser mijoter pendant 5 minutes de plus. Incorporer le persil et servir immédiatement.

4 PORTIONS: 343 KCAL, 37 G PROTÉINES, 15 G GRAS, 2,6 G GRAS SATURÉS, 7 G GLUCIDES, 5,1 G SUCRE, 2,7 G FIBRES, 0,72 G SEL, 284 MG SODIUM

Bar commun avec pesto à la citronnelle et au gingembre

Faire mariner le poisson dans du jus de lime ou de citron avant la cuisson permet d'éviter d'ajouter du sel.

4 filets de bar commun de 175 g (6 oz) chacun, nettoyés
Poivre noir
Le jus d'une lime
2 c. à soupe d'huile d'olive
400 g (14 oz) de courgettes, coupées en biseau

Pour le pesto
2 tiges de citronnelle, l'enveloppe extérieure enlevée, l'intérieur haché très finement
5 cm (2 po) de gingembre frais, pelé et haché
1 gousse d'ail, broyée
15 feuilles de basilic frais
Une petite botte de feuilles de coriandre
25 g (1 oz) d'arachides non salées, rôties
4 c. à soupe d'huile de tournesol

Pour 4 personnes

Mettre le bar dans un plat peu profond, poivrer et arroser du jus de lime et de l'huile d'olive; laisser mariner 1 heure à la température ambiante.

Faire chauffer la plaque à griller jusqu'à ce qu'elle soit très chaude. Poivrer les tranches de courgettes et les faire griller 4 à 5 minutes, en les tournant régulièrement.

Réduire en purée tous les ingrédients du pesto au mélangeur. Faire chauffer le barbecue ou la plaque à griller, ajouter les filets de bar et faire griller 3 à 4 minutes, la peau vers le bas. Les tourner et faire cuire de l'autre côté 2 minutes de plus.

Mettre les filets de bar sur les courgettes et couronner de pesto.

4 PORTIONS: 337 KCAL, 38 G PROTÉINES, 19 G GRAS, 3 G GRAS SATURÉS, 4 G GLUCIDES, 2,3 G SUCRE, 1,3 G FIBRES, 0,32 G SEL, 124 MG SODIUM

Ragoût de poisson indien

La plupart des poissons peuvent être utilisés: saumon, flétan ou morue. Servez le ragoût avec du riz basmati pour un repas simple mais impressionnant.

5 cm (2 po) de gingembre frais, pelé
4 gousses d'ail, pelées
150 ml (5/8 de tasse) de yogourt nature faible en gras
1 c. à soupe de farine
1 kg (2 lb) de filets de poisson blanc ferme, coupés en cubes de 5 cm (2 po)
4 c. à soupe d'huile de tournesol
2 oignons, hachés
½ c. à thé (à café) de curcuma moulu
½ c. à thé (à café) de poudre de chili
1 c. à soupe de coriandre moulue
1 c. à soupe de cumin moulu
6 graines de cardamome entières, broyées
1 bâton de cannelle de 4 cm (1 ¾ po)
1 c. à thé (à café) de sucre
50 g (2 oz) d'amandes, broyées
2 c. à soupe de coriandre, hachée, pour garnir

Pour 4 personnes

Réduire le gingembre et l'ail en pâte lisse au mélangeur avec 4 c. à soupe d'eau. Dans un bol, mélanger le yogourt et la farine, et incorporer la pâte de gingembre. Ajouter le poisson, couvrir de pellicule plastique et réfrigérer 1 heure.

Faire chauffer l'huile dans une casserole à fond épais et y faire dorer les oignons. Ajouter les épices et faire cuire à feu doux 3 à 4 minutes.

Retirer le poisson du réfrigérateur et le mettre dans la casserole avec la marinade. Augmenter le feu, ajouter 300 ml (1 ¼ tasse) d'eau et porter à ébullition. Ajouter le sucre et les amandes, baisser le feu et laisser mijoter 10 à 12 minutes, en remuant de temps en temps. Transférer dans une assiette, parsemer de coriandre et servir avec du riz basmati.

4 PORTIONS: 463 KCAL, 53 G PROTÉINES, 22 G GRAS, 2,6 G GRAS SATURÉS, 15 G GLUCIDES, 7 G SUCRE, 1,9 G FIBRES, 0,5 G SEL, 196 MG SODIUM

Vivaneau à la vietnamienne

Délicieux servi avec des légumes-feuilles verts asiatiques, cuits à la vapeur ou sautés.

4 filets de vivaneau de 175 g (6 oz) chacun, sans peau ni arêtes
1 c. à soupe d'huile de tournesol
1 c. à thé (à café) d'huile de sésame
2 gousses d'ail, broyées
Le jus de 2 limes
2 tiges de citronnelle, l'enveloppe extérieure enlevée, l'intérieur haché
1 chili rouge, tranché
1 c. à soupe de vinaigre de riz
2 c. à soupe de sauce chili rouge sucrée
150 ml (5/8 de tasse) de bouillon de poulet (voir page 156; si vous utilisez un bouillon du commerce ou des cubes, choisissez-les faibles en sel)
1 c. à thé (à café) de sauce soja légère
2 poivrons rouges, épépinés et en lanières
1 oignon rouge, tranché
4 oignons verts, en tranches épaisses en biseau
3 c. à soupe de coriandre fraîche, hachée, et un peu plus pour garnir

Pour 4 personnes

Placer le vivaneau dans un plat peu profond, y verser les deux huiles, et ajouter l'ail, le jus de lime, la citronnelle et le chili, et bien en enrober le poisson. Couvrir d'une pellicule plastique et laisser mariner 1 heure à la température ambiante.

Dans une grande casserole profonde antiadhésive, faire chauffer le vinaigre et la sauce chili sucrée. Ajouter le bouillon de poulet, la sauce de soja, les poivrons, l'oignon, les oignons verts et la coriandre; baisser le feu et laisser cuire 5 minutes.

Ajouter le vivaneau mariné et napper de sauce. Couvrir et laisser mijoter 4 à 5 minutes, en arrosant le poisson à l'occasion avec la sauce.

Pour servir, disposer le poisson dans des assiettes, l'arroser du jus de cuisson et garnir d'un peu de coriandre.

4 PORTIONS: 250 KCAL, 36,1 G PROTÉINES, 6,5 G GRAS, 1 G GRAS SATURÉS, 12,6 G GLUCIDES, 11 G SUCRE, 1,8 G FIBRES, 0,83 G SEL, 327 MG SODIUM

Poulet braisé en sauce au vinaigre

Un poulet braisé lentement dans une sauce subtilement aromatisée de moutarde de Dijon.

- 8 cuisses de poulet, sans peau
- Poivre noir
- 2 c. à soupe d'huile de tournesol
- 4 gousses d'ail, broyées
- 3 échalotes, pelées et hachées
- 150 ml (⅝ de tasse) de vinaigre de cidre ou de vin blanc
- 2 c. à soupe de miel
- 100 ml (3 ½ oz) de vin blanc sec
- 200 ml (⅞ de tasse) de bouillon de poulet réduit (voir page 156; si vous utilisez un bouillon du commerce ou des cubes, choisissez-les faibles en sel)
- 2 c. à thé (à café) de purée de tomates sans sel
- 1 c. à thé (à café) de moutarde de Dijon
- 1 c. à soupe d'estragon, haché

Pour 4 personnes

Poivrer les cuisses de poulet. Faire chauffer l'huile de tournesol dans une casserole à fond épais et y faire dorer le poulet 5 à 6 minutes, en tournant régulièrement. Transférer dans une assiette. Enlever l'excès de gras de la casserole et y faire attendrir l'ail et les échalotes 2 à 3 minutes. Ajouter le vinaigre, le miel et le vin blanc, et faire réduire de moitié. Ajouter le bouillon, porter à ébullition, remettre les cuisses de poulet dans la casserole et faire cuire 10 à 15 minutes.

Mélanger la purée de tomates et la moutarde de Dijon, et incorporer à la sauce. Lorsque le poulet est cuit, ajouter l'estragon; poivrer. La sauce devrait être légèrement acidulée. Au besoin, ajouter 1 c. à soupe de vinaigre et servir.

4 PORTIONS: 318 KCAL, 37 G PROTÉINES, 10 G GRAS, 2,5 G GRAS SATURÉS, 12 G GLUCIDES, 11,1 G SUCRE, 0,3 G FIBRES, 0,54 G SEL, 214 MG SODIUM

Petits poulets en crapaudine au citron et aux herbes

Les jeunes poulets conviennent particulièrement bien pour cette recette. Demandez à votre boucher de vous les préparer en crapaudine. La colonne et le sternum doivent être enlevés pour donner au poulet l'apparence d'un crapaud. La saveur du citron et des herbes avec la chair délicate de ces poulets est simplement magique. J'aime bien les servir accompagnés de légumes-racines à l'aigre-doux.

1 gousse d'ail, broyée
2 c. à soupe d'herbes fraîches (thym, romarin, persil), hachées
4 petits poulets de 450 g (1 lb) chacun, en crapaudine, sans peau
½ citron, tranché mince
Poivre noir
2 c. à soupe d'huile d'olive
200 ml (⅞ de tasse) de bouillon de poulet réduit (voir page 156; si vous utilisez un bouillon du commerce ou des cubes, choisissez-les faibles en sel)
300 g (10 oz) de carottes miniatures, pelées
300 g (10 oz) de panais miniatures, pelés et coupés en deux sur la longueur
1 c. à soupe d'huile d'olive
1 c. à soupe de sirop d'érable
2 c. à soupe de menthe, hachée
1 c. à soupe de vinaigre balsamique

Pour 4 personnes

Préchauffer le four à 200 °C/400 °F/gaz 6.

Dans un bol, mélanger l'ail et les herbes. Coucher les poulets dans une grande rôtissoire; poivrer. À l'aide d'un petit couteau affûté, faire de petites incisions partout sur les poulets et bien les frotter avec le mélange d'ail et d'herbes. Placer une tranche de citron ou deux sur chaque poulet et arroser d'un filet d'huile d'olive. Faire rôtir 18 à 20 minutes, jusqu'à ce que les poulets soient bien cuits.

Entre-temps, blanchir les carottes et les panais 2 minutes dans l'eau bouillante; égoutter. Mettre les carottes et les panais dans un autre plat de cuisson, arroser avec l'huile d'olive et le sirop d'érable, et faire rôtir jusqu'à ce qu'ils soient dorés et légèrement caramélisés, environ 20 minutes. Vers la fin de la cuisson, ajouter la menthe et le vinaigre balsamique, et assaisonner. Garder au chaud.

Retirer les poulets de la rôtissoire lorsqu'ils sont cuits; réserver. Ajouter le bouillon réduit dans la rôtissoire posée sur un rond à la température maximale et gratter le fond pour dégager les sucs de cuisson caramélisés. Laisser bouillir 2 minutes et poivrer.

Disposer les légumes rôtis dans des assiettes, surmonter avec les poulets en crapaudine, arroser du jus de cuisson et servir.

4 PORTIONS: 374 KCAL, 46 G PROTÉINES, 14 G GRAS, 2,5 G GRAS SATURÉS, 18 G GLUCIDES, 11,7 G SUCRE, 5,3 G FIBRES, 0,5 G SEL, 198 MG SODIUM

Poulet noisette à la vinaigrette de poireaux et de champignons

Les portobello conviennent également.

1 œuf
4 poitrines de poulet de 175 g (6 oz) chacune, non désossées
60 g (2 oz) de noisettes, broyées
2 c. à soupe d'huile de tournesol
400 g (14 oz) de poireaux, rincés et en lanières

Pour la vinaigrette
1 c. à soupe d'huile de tournesol
300 g de champignons sauvages, nettoyés
1 échalote, hachée
1 c. à soupe de vinaigre de xérès
100 ml (3 ½ oz) de bouillon de poulet réduit (voir page 156; si vous utilisez du bouillon du commerce ou des cubes, choisissez-les faibles en sel)
1 c. à soupe d'huile d'olive
2 c. à soupe d'huile de noisette
1 c. à soupe de persil italien (plat), haché
Poivre

Pour 4 personnes

Dans un plat peu profond, battre l'œuf avec 1 c. à soupe d'eau. Y tremper le poulet et le mettre dans les noisettes broyées en appuyant fermement.

Faire chauffer 1 c. à soupe d'huile dans une casserole antiadhésive, ajouter les poireaux et 100 ml (3 ½ oz) d'eau, couvrir, baisser le feu et laisser attendrir 8 à 10 minutes. Égoutter et garder au chaud. Remettre la casserole sur le feu et faire chauffer 1 autre c. à soupe d'huile; y faire cuire et dorer le poulet 4 à 5 minutes de chaque côté.

Faire chauffer une autre petite casserole antiadhésive. Y mettre l'huile de tournesol, les champignons et les échalotes, et faire dorer 1 à 2 minutes. Ajouter le vinaigre et le bouillon, et faire bouillir 2 minutes. Incorporer les huiles d'olive et de noisette, ajouter le persil et poivrer.

Disposer les poireaux dans des assiettes, arroser de la vinaigrette et couronner d'une poitrine de poulet.

4 PORTIONS: 491 KCAL, 49 G PROTÉINES, 30 G GRAS, 3,7 G GRAS SATURÉS, 5 G GLUCIDES, 3,1 G SUCRE, 3,8 G FIBRES, 0,4 G SEL, 158 MG SODIUM

Poulet braisé avec courge, safran et menthe

Procurez-vous toujours les olives de la meilleure qualité qui soit, selon votre budget, et qui sont le moins salées.

750 ml (3 tasses) de bouillon de poulet (voir page 156; si vous utilisez un bouillon du commerce ou des cubes, choisissez-les faibles en sel)
Une généreuse pincée de safran
12 cuisses de poulet, sans peau
Poivre noir
1 c. à soupe de farine complète
2 c. à soupe d'huile d'olive
1 petite courge musquée, pelée et coupée en cubes
350 g (¾ de lb) d'oignons miniatures, pelés
1 citron, tranché mince
1 gousse d'ail, broyée
2 c. à thé (à café) de miel
12 olives vertes, dénoyautées
2 c. à soupe de menthe, hachée
Couscous, pour servir

Pour 4 personnes

Préchauffer le four à 190 °C/375 °F/gaz 5. Faire chauffer le bouillon et le safran dans une casserole 10 minutes pour faire infuser.

Poivrer les cuisses de poulet et les fariner généreusement. Faire chauffer l'huile dans une casserole à fond épais, y mettre le poulet et le faire dorer légèrement de tous côtés. Retirer le poulet de la casserole et réserver.

Mettre les dés de courge, les oignons, les tranches de citron et l'ail dans la casserole, et les faire dorer à feu doux. Ajouter le bouillon au safran et bien remuer pour obtenir une sauce légère.

Remettre les morceaux de poulet dans la sauce, ajouter le miel et les olives, couvrir et faire cuire au four 15 à 20 minutes. Incorporer la menthe à la sauce, et servir avec du couscous.

4 PORTIONS: 434 KCAL, 58 G PROTÉINES, 14 G GRAS, 3,6 G GRAS SATURÉS, 20 G GLUCIDES, 12,1 G SUCRE, 4,1 G FIBRES, 1,19 G SEL, 467 MG SODIUM

Poulet birman

Le yogourt rend ce plat succulent et le poulet vraiment tendre.

4 poitrines de poulet de 175 g (6 oz) chacune, sans peau
100 ml (3 ½ oz) de yogourt nature faible en gras
1 c. à soupe de sauce soja réduite en sel
½ c. à thé (à café) de curcuma moulu
1 c. à soupe de cumin moulu
1 c. à soupe de cardamome moulue
1 c. à thé (à café) de poudre de chili
2,5 cm (1 po) de gingembre frais, pelé et haché
1 c. à soupe d'huile de tournesol
1 gousse d'ail, broyée
Quartiers de lime pour garnir

Pour la sauce aux tomates et gingembre
1 c. à soupe d'huile de tournesol
4 tomates italiennes fermes, hachées
2,5 cm (1 po) de gingembre frais, pelé et haché
1 petit chili vert, haché
1 gousse d'ail, broyée
2 c. à soupe de coriandre fraîche, hachée
150 ml (⅝ de tasse) de jus de tomate
Poivre
Le jus d'une demi-lime

Pour 4 personnes

Mettre les poitrines de poulet dans un plat. Dans un petit bol, bien mélanger le yogourt, la sauce de soja, le curcuma, le cumin, la cardamome, le chili et le gingembre. Incorporer en fouettant l'huile et l'ail, et verser sur le poulet. Bien enrober. Réfrigérer au moins 6 heures ou jusqu'au lendemain.

Préchauffer le four à 180 °C/350 °F/gaz 4. Faire chauffer l'huile dans une casserole à fond épais et y faire suer les tomates, le gingembre, le chili, l'ail et la coriandre 8 à 10 minutes. Ajouter le jus de tomate, faire cuire 10 minutes de plus, et passer à travers un tamis au-dessus d'une casserole propre. Poivrer, incorporer le jus de lime et garder au chaud.

Mettre le poulet dans une rôtissoire et faire cuire environ 25 minutes. Disposer le poulet cuit dans des assiettes, garnir de quartiers de lime et servir avec la sauce et du riz.

4 PORTIONS: 308 KCAL, 45,9 G PROTÉINES, 9 G GRAS, 1,6 G GRAS SATURÉS, 11,1 G GLUCIDES, 6,2 G SUCRE, 1,2 G FIBRES, 1,02 G SEL, 394 MG SODIUM

Poulet au fenouil, pruneaux et miel balsamique

Il existe très peu de légumes, comme le fenouil, qui sont tout aussi bons crus que cuits.

4 poitrines de poulet de 175 g (6 oz) chacune, sans peau
Poivre noir
2 c. à soupe d'huile de tournesol
4 bulbes de fenouil, parés et coupés en quartiers
250 g (½ lb) de marrons surgelés ou emballés sous vide
1 petite feuille de laurier
3 c. à thé (à café) de vinaigre balsamique
2 c. à soupe de miel
200 ml (⅞ de tasse) de bouillon de poulet réduit (voir page 156; si vous utilisez un bouillon du commerce ou des cubes, choisissez-les faibles en sel)
225 g (½ lb) de pruneaux prêts-à-manger

Pour 4 personnes

Poivrer les poitrines de poulet. Faire chauffer l'huile dans une poêle antiadhésive et y faire dorer le poulet de chaque côté. Retirer de la poêle.

Mettre le fenouil, les marrons et la feuille de laurier dans la poêle et faire dorer légèrement 5 minutes, en tournant le fenouil une fois. Verser le vinaigre balsamique et le miel sur le fenouil et les marrons pour bien les enrober. Faire cuire 4 à 5 minutes.

Ajouter le bouillon, les pruneaux et le poulet. Couvrir et laisser cuire à feu doux 10 à 12 minutes, jusqu'à ce que le jus de cuisson soit devenu une sauce légère. Retirer la feuille de laurier et rectifier l'assaisonnement avant de servir.

4 PORTIONS: 463 KCAL, 46 G PROTÉINES, 10 G GRAS, 1,7 G GRAS SATURÉS, 31 G GLUCIDES, SUCRE, 8,8 G FIBRES, 0,36 G SEL, 143 MG SODIUM

Poulet à l'ananas, au gingembre et à la lime

Je préfère utiliser des cuisses et des pilons de poulet, mais vous pouvez bien sûr utiliser des poitrines.

4 grosses cuisses de poulet, sans peau
4 gros pilons de poulet, sans peau
Poivre noir
Une pincée de cannelle
Une pincée de curcuma
½ c. à thé (à café) de poudre de cari douce
½ c. à thé (à café) de flocons de chili rouge
2 c. à soupe d'huile de tournesol
4 oignons verts, hachés
Le jus de 2 limes
300 g (10 oz) d'ananas frais, coupé en cubes
4 cm (1 ¾ po) de gingembre frais
300 ml (1 ¼ tasse) de jus d'ananas sans sucre ajouté
300 ml (1 ¼ tasse) de bouillon de poulet réduit (voir page 156; si vous utilisez un bouillon du commerce ou des cubes, choisissez-les faibles en sel)
4 tomates moyennes, blanchies, épépinées et hachées

Pour 4 personnes

Préchauffer le four à 180 °C/350 °F/gaz 4.

Mettre le poulet dans un plat, assaisonner avec le poivre, la cannelle, le curcuma, la poudre de cari et les flocons de chili. Couvrir d'une pellicule plastique et laisser mariner au réfrigérateur jusqu'au lendemain.

Dans une grande casserole, faire chauffer l'huile et y dorer le poulet. Vider l'excès d'huile de la casserole, y mettre le reste des ingrédients, porter à ébullition, couvrir et cuire au four 40 minutes ou jusqu'à ce que la sauce ait un peu réduit et épaissi. Servir immédiatement, accompagné de riz.

4 PORTIONS: 330 KCAL, 39 G PROTÉINES, 11 G GRAS, 2,6 G GRAS SATURÉS, 20 G GLUCIDES, 18,7 G SUCRE, 2 G FIBRES, 0,49 G SEL, 191 MG SODIUM

Lapin chasseur

Le lapin est une viande sous-estimée qui gagne un peu en popularité. Vous pouvez utiliser n'importe quel autre type de champignons ordinaires.

4 grosses pattes de lapin (ou 8 grosses cuisses)
Poivre noir
Une pincée d'origan séché
1 c. à soupe de farine complète
2 c. à soupe d'huile d'olive
1 gousse d'ail, broyée
1 oignon, haché
2 poivrons rouges, épépinés et en cubes de 2,5 cm (1 po)
300 g (10 oz) de champignons porcini (ou autres)
100 ml (3 ½ oz) de vin blanc sec
200 g (7 oz) de tomates en conserve sans sel ajouté
1 c. à soupe de purée de tomates sans sel ajouté
2 c. à thé (à café) de sucre
400 ml (1 ⅔ tasse) de bouillon de poulet (voir page 156; si vous utilisez un bouillon du commerce ou des cubes, choisissez-les faibles en sel)
10 feuilles de basilic frais

Pour 4 personnes

Poivrer le lapin, le frotter d'origan séché et le saupoudrer de farine.

Faire chauffer l'huile dans une grande casserole à fond épais et faire dorer les cuisses et les pilons de lapin. Les retirer et réserver.

Mettre l'ail, l'oignon, les poivrons et les champignons dans la casserole, et faire cuire dans les sucs qui restent. Ajouter le vin blanc et faire bouillir 2 à 3 minutes avant d'ajouter les tomates, la purée de tomates, le sucre et le bouillon. Porter de nouveau à ébullition.

Remettre les cuisses et les pilons de lapin dans la sauce, couvrir et laisser mijoter 40 à 45 minutes, jusqu'à ce qu'ils soient tendres. Ajouter les feuilles de basilic et laisser cuire 2 minutes de plus. Rectifier l'assaisonnement et servir sur un lit de polenta crémeuse, si désiré.

4 PORTIONS: 390 KCAL, 42 G PROTÉINES, 16 G GRAS, 4,8 G GRAS SATURÉS, 19 G GLUCIDES, 14,9 G SUCRE, 2,8 G FIBRES, 0,4 G SEL, 156 MG SODIUM

Canard aux cerises à la cannelle et au céleri

En enlevant la peau du canard, la poitrine devient très maigre.

1 c. à soupe d'huile de tournesol
4 poitrines de canard de 175 g (6 oz) chacune, désossées et sans peau
250 g (½ lb) de cerises, fraîches ou surgelées, dénoyautées
2 c. à thé (à café) de gelée de cassis réduite en sucre
100 ml (3 ½ oz) de vin rouge
Une pincée de cannelle moulue
60 ml (¼ de tasse) de vin de Madère
60 ml (¼ de tasse) de bouillon de poulet réduit (voir page 156; si vous utilisez un bouillon du commerce ou des cubes, choisissez-les faibles en sel)
Poivre

Pour le céleri
150 ml (⅝ de tasse) de bouillon de poulet (voir page 156; si vous utilisez un bouillon du commerce ou des cubes, choisissez-les faibles en sel)
Quelques tiges de thym
Quelques branches de céleri, pelées et coupées en biseau de 5 cm (2 po)
Poivre noir

Pour 4 personnes

Pour le céleri, porter le bouillon de poulet avec le thym à ébullition, laisser cuire 5 minutes, baisser le feu. Ajouter le céleri et le faire braiser, couvert, 5 minutes jusqu'à ce qu'il soit tout juste cuit et le bouillon presque évaporé. Assaisonner et garder au chaud.

Faire chauffer l'huile dans une casserole antiadhésive, ajouter le canard et faire dorer 4 à 5 minutes de chaque côté à feu moyen, un peu plus si désiré. Retirer de la casserole et garder au chaud dans une assiette couverte de papier aluminium.

Dans la casserole utilisée pour faire cuire le canard, mettre les cerises et la gelée de cassis, et faire cuire 1 minute. Ajouter le vin rouge, la cannelle, le vin de Madère et le bouillon de poulet et laisser réduire de moitié à feu doux. Poivrer. Couper le canard en tranches épaisses et disposer dans des assiettes. Verser la sauce aux cerises et servir accompagné de céleri braisé.

4 PORTIONS: 345 KCAL, 36 G PROTÉINES, 14 G GRAS, 3,4 G GRAS SATURÉS, 10 G GLUCIDES, 10,1 G SUCRE, 1,7 G FIBRES, 0,67 G SEL, 265 MG SODIUM

Pintade à la sauce au poivre vert et carottes au gingembre

La pintade remplace avantageusement le poulet. Les grains de poivre vert sont vendus saumurés. Rincez-les simplement à l'eau froide avant de vous en servir pour éliminer une partie du sel. Du brocoli aux tiges tendres accompagnerait aussi très bien ce plat.

400 g (14 oz) de carottes nouvelles, pelées et coupées en deux si elles sont grosses
1 c. à soupe de miel
5 cm (2 po) de gingembre frais, pelé, et haché ou râpé
1 c. à soupe d'huile de tournesol
4 poitrines de pintade de 175 g (6 oz) chacune, sans peau
Poivre noir
60 ml (¼ de tasse) de vin blanc sec
2 c. à thé (à café) de sucre
150 ml (5/8 de tasse) de jus de pamplemousse rose (préférablement fraîchement pressé)
300 ml (1 ¼ tasse) de bouillon de poulet réduit (voir page 156; si vous utilisez un bouillon du commerce ou des cubes, choisissez-les faibles en sel)
1 c. à soupe de grains de poivre vert en saumure, rincés et égouttés

Pour 4 personnes

Mettre les carottes dans une casserole, les couvrir tout juste d'eau, ajouter le miel et le gingembre, et porter à ébullition. Baisser le feu et laisser mijoter jusqu'à ce que les carottes soient juste cuites et que presque tout le liquide soit devenu sirupeux. Garder au chaud.

Faire chauffer une casserole antiadhésive et y verser l'huile lorsqu'elle est bien chaude. Poivrer la pintade, et bien faire dorer 3 à 4 minutes chaque côté jusqu'à cuisson complète. Retirer du feu et garder au chaud, couverte de papier aluminium.

Remettre la casserole sur le feu, ajouter le vin et le sucre, et faire cuire pendant 2 minutes. Ajouter le jus de pamplemousse et le bouillon, et faire bouillir pendant 5 minutes jusqu'à ce que la sauce ait réduit du tiers. Passer à travers un tamis fin, ajouter les grains de poivre vert et assaisonner au goût.

Disposer les carottes cuites dans des assiettes, surmonter d'une poitrine de pintade et napper de la sauce. Servir accompagné de pommes de terre nouvelles cuites à la vapeur, si désiré.

4 PORTIONS: 354 KCAL, 40 G PROTÉINES, 9 G GRAS, 1,8 G GRAS SATURÉS, 27 G GLUCIDES, 18,3 G SUCRE, 2,5 G FIBRES, 0,74 G SEL, 293 MG SODIUM

Canard grillé à la vinaigrette aux fines herbes

Les vinaigrettes sont légères, simples à préparer et plus faibles en gras que les sauces.

1 c. à thé (à café) de grains de poivre noir
1 c. à thé (à café) de grains de poivre vert en saumure, rincés et égouttés
1 c. à thé (à café) de baies roses en saumure, rincées et égouttées
4 poitrines de canard de 180 g (6 oz) chacune, sans peau
100 ml (3 ½ oz) de bouillon de poulet réduit (voir page 156; si vous utilisez un bouillon du commerce ou des cubes, choisissez-les faibles en sel)
2 petites échalotes, hachées
1 c. à thé (à café) de thym
1 c. à soupe d'estragon, haché
1 c. à soupe de persil haché
1 c. à soupe de vinaigre balsamique
4 c. à soupe d'huile d'olive
2 gousses d'ail, broyées
225 g (½ lb) de champignons sauvages (ou autres), nettoyés
100 g (3 ½ oz) de tomates séchées au soleil, dans l'huile, égouttées et asséchées
100 g (3 ½ oz) de pois, cuits
Poivre

Pour 4 personnes

Concasser les grains de poivre au mortier ou au moulin à épices pour obtenir une pâte grossière et en frotter généreusement le canard. Réserver 30 minutes.

Faire chauffer le bouillon avec les échalotes, les herbes et le vinaigre. Incorporer en fouettant 2 c. à soupe d'huile d'olive, porter à ébullition, retirer du feu et garder au chaud.

Préchauffer la plaque à griller ou le barbecue. Badigeonner le canard de 1 c. à soupe d'huile et faire cuire 4 à 5 minutes de chaque côté à feu moyen, ou plus. Transférer dans une assiette, couvrir de papier aluminium et garder au chaud.

Faire chauffer l'huile qui reste dans une poêle antiadhésive et faire cuire l'ail et les champignons 2 à 3 minutes. Ajouter les tomates et les pois, et faire cuire 2 à 3 minutes de plus. Poivrer. Disposer les légumes dans 4 assiettes, couronner du canard et arroser d'un peu de vinaigrette chaude.

4 PORTIONS: 352 KCAL, 43 G PROTÉINES, 15 G GRAS, 2,5 G GRAS SATURÉS, 11 G GLUCIDES, 4,7 G SUCRE, 3 G FIBRES, 0, G SEL, 354 MG SODIUM

Pintade aux pommes, champignons sauvages et estragon

On trouve d'excellents champignons sauvages sur le marché, surtout à l'automne, et certains sont même offerts toute l'année.

1 c. à soupe d'huile de tournesol
4 poitrines de pintade de 180 g (6 oz) chacune, désossées et sans peau
Poivre noir
200 g (7 oz) de champignons sauvages variés ou blancs, nettoyés et tranchés
½ gousse d'ail, broyée
100 ml (3 ½ oz) de jus de pomme, sans sucre ajouté
150 ml (⅝ de tasse) de bouillon de poulet (voir page 156; si vous utilisez un bouillon du commerce ou des cubes, choisissez-les faibles en sel)
100 ml (3 ½ oz) de lait partiellement écrémé
1 c. à soupe de fécule de maïs
1 c. à thé (à café) de moutarde de Dijon
2 c. à soupe d'estragon, haché

Pour 4 personnes

Faire chauffer un jet d'aérosol d'huile et d'eau dans une poêle antiadhésive. Poivrer la pintade et la saisir dans la poêle sans laisser brunir. Ajouter les champignons et l'ail, et faire cuire 2 à 3 minutes de plus.

Retirer les pintades de la poêle; réserver. Ajouter le jus de pomme et le bouillon, et faire cuire 2 à 3 minutes.

Mélanger le lait et la fécule de maïs, et incorporer au bouillon en fouettant. Laisser mijoter 5 minutes. Ajouter la moutarde et l'estragon, et remettre les pintades dans la sauce. Faire cuire 5 à 6 minutes, jusqu'à ce que les pintades soient tendres et la sauce assez épaisse pour les napper. Poivrer et servir.

4 PORTIONS: 244 KCAL, 39 G PROTÉINES, 5 G GRAS, 1,8 G GRAS SATURÉS, 7 G GLUCIDES, 3,8 G SUCRE, 0,4 G FIBRES, 0,49 G SEL, 193 MG SODIUM

Escalopes de faisan aux endives (chicorées) et aux canneberges (airelles)

Pour cette recette, seulement des poitrines de faisan sont utilisées, transformées en escalopes, dont la durée de cuisson est beaucoup plus facile à calculer. La polenta aux amandes fait un délicieux plat d'accompagnement. Or, vérifiez bien la teneur en sel de la polenta à cuisson rapide: certaines marques ont du sel ajouté.

4 poitrines de faisan de 150 g (5 oz) chacune, désossées, sans peau
Les feuilles de 4 endives (chicorées), hachées grossièrement
1 c. à soupe de sirop d'érable
2 c. à soupe d'huile de tournesol
1 c. à soupe de vinaigre de cidre
150 ml (5/8 de tasse) de jus de canneberges (airelles)
1 c. à soupe de gelée de canneberges (airelles) réduite en sucre, si possible
150 ml (5/8 de tasse) de bouillon de poulet réduit (voir page 156; si vous utilisez un bouillon du commerce ou des cubes, choisissez-les faibles en sel)
125 g (1/4 de lb) de canneberges (airelles) surgelées
Poivre noir

Pour la polenta aux amandes
650 ml (2 2/3 tasses) de lait partiellement écrémé
1 petite gousse d'ail, broyée
Quelques tiges de thym
125 g (1/4 de lb) de polenta à cuisson rapide
50 g (2 oz) d'amandes, broyées

Pour 4 personnes

Mettre chaque poitrine de faisan entre deux pellicules plastiques et, à l'aide d'un maillet ou d'un rouleau à pâtisserie, les frapper légèrement pour obtenir des escalopes de 2 cm (3/4 de po) d'épaisseur.

Porter le lait, l'ail et le thym à ébullition, faire chauffer 5 minutes; retirer les tiges de thym. Faire tomber la polenta en pluie et les amandes broyées dans le lait, en remuant continuellement. Régler le feu au plus bas, laisser mijoter 8 à 10 minutes, ou jusqu'à ce que la polenta ait la consistance d'une purée de pommes de terre humide. Garder au chaud.

Faire chauffer une casserole antiadhésive, y mettre les endives, le sirop d'érable et 500 ml (2 tasses) d'eau. Laisser cuire à feu moyen jusqu'à ce que les endives soient tendres et caramélisées. Retirer la casserole du feu et garder au chaud.

Faire chauffer l'huile dans une poêle antiadhésive, y mettre le faisan et faire dorer 2 à 3 minutes de chaque côté. Transférer dans une assiette, couvrir de papier aluminium et garder au chaud.

Ajouter le vinaigre, le jus et la gelée de canneberges, et le bouillon réduit à la casserole, et faire cuire 2 à 3 minutes. Passer à travers un tamis fin. Ajouter les canneberges et les faire attendrir 4 à 5 minutes. Poivrer.

Mettre la polenta dans des assiettes, couronner d'endives et de faisan. Réchauffer la sauce 2 minutes, verser sur l'escalope et servir.

4 PORTIONS: 556 KCAL, 47,8 G PROTÉINES, 21,1 G GRAS, 4,6 G GRAS SATURÉS, 44,2 G GLUCIDES, 19,8 G SUCRE, 3,1 G FIBRES, 0,34 G SEL, 136 MG SODIUM

Dindon avec lentilles et vinaigrette à l'abricot

Pour cette recette, la poitrine est tranchée en escalopes, qui sont ensuite grillées juste à point. Comme accompagnement, du brocoli ou des épinards sont excellents.

2 c. à soupe d'huile de tournesol
1 oignon, pelé et haché
350 g (1 ¼ lb) de lentilles du Puy
4 escalopes de poitrine de dindon de 200 g (7 oz) chacune
250 g (½ lb) de marrons, cuits, surgelés ou emballés sous vide

Pour la vinaigrette
8 abricots séchés, ayant trempé dans l'eau chaude, bien gonflés, égouttés, asséchés et hachés
1 c. à soupe de vinaigre balsamique
½ c. à thé (à café) de moutarde de Dijon
4 c. à soupe d'huile d'olive
1 c. à thé (à café) de romarin frais, haché
1 c. à soupe de miel
Poivre noir

Pour 4 personnes

Faire chauffer l'huile dans une casserole à fond épais et y faire dorer l'oignon. Ajouter les lentilles et assez d'eau pour les couvrir. Faire cuire 15 à 20 minutes, ou jusqu'à ce qu'elles soient al dente. Égoutter et garder au chaud. Incorporer les marrons.

Mélanger tous les ingrédients de la vinaigrette dans un bol. Poivrer au goût.

Préchauffer le barbecue ou la plaque à griller. Poivrer les tranches de dindon et les faire griller 3 à 4 minutes de chaque côté jusqu'à ce qu'elles soient cuites.

Ajouter un peu de la vinaigrette aux lentilles et répartir dans des assiettes individuelles. Surmonter chaque lit de lentilles d'une escalope de dindon, napper du reste de la vinaigrette aux abricots et servir.

4 PORTIONS: 786 KCAL, 72,7 G PROTÉINES, 21,7 G GRAS, 3,2 G GRAS SATURÉS, 79,9 G GLUCIDES, 19 G SUCRE, 12,2 G FIBRES, 0,37 G SEL, 149 MG SODIUM

Poulet du Moyen-Orient avec salade arabe

La chapelure panko est une chapelure japonaise sèche et croustillante. Servir accompagné de languettes de pita de blé complet, grillées

1 c. à soupe de thym séché
1 c. à soupe de graines de sésame
1 c. à soupe de sumac
100 g (3 ½ oz) de chapelure panko
Poivre noir
650 g (1 ½ lb) de cuisses de poulet, sans peau et désossées, en cubes de 3 cm (1 ¼ po)
2 œufs, battus avec 1 c. à soupe d'eau
1 c. à soupe d'huile d'olive

Pour la salade
1 petit oignon rouge, pelé et tranché
½ petit concombre, tranché
1 petit poivron rouge, épépiné et tranché
50 g (2 oz) de feuilles de menthe fraîche
50 g (2 oz) de feuilles de coriandre fraîche
Le jus d'un demi-citron
2 c. à soupe de mayonnaise réduite en gras

Pour 4 personnes

Dans un plat, mélanger le thym, les graines de sésame et le sumac. Ajouter la chapelure panko et un peu de poivre noir. Tremper les morceaux de poulet dans le mélange aux œufs battus puis passer dans le mélange d'épices. Enfiler 5 ou 6 morceaux de poulet sur 4 brochettes de métal ou de bois préalablement trempées dans l'eau.

Faire chauffer l'huile dans une grande poêle antiadhésive, y mettre les brochettes et faire cuire à feu moyen 8 à 10 minutes, en les tournant fréquemment. Mélanger les ingrédients pour la salade dans un bol et assaisonner d'un peu de poivre.

Servir les brochettes avec la salade et des languettes de pita grillées chaudes.

4 PORTIONS: 416 KCAL, 43 G PROTÉINES, 17 G GRAS, 4 G GRAS SATURÉS, 24 G GLUCIDES, 4,6 G SUCRE, 1,6 G FIBRES, 0,87 G SEL, 344 MG SODIUM

Ragoût d'agneau à l'espagnole

En Espagne, ce ragoût d'agneau typique est connu sous le nom de *caldereta*; en voici mon adaptation.

4 gousses d'ail, broyées
2 feuilles de laurier
1 c. à thé (à café) de paprika espagnol fumé
Poivre noir
300 ml (1 ¼ tasse) de purée de tomates sans sel ajouté
1 c. à thé (à café) de sucre
2 c. à soupe de vinaigre de vin rouge
6 filets de collier ou de fesse (croupe) d'agneau de 150 g (5 oz) chacun, dégraissés et coupés en gros cubes
1 c. à soupe d'huile d'olive
2 oignons, hachés
2 poivrons verts, épépinés et en gros morceaux
1 bulbe de fenouil, en gros morceaux
400 g (1 ¾ lb) de pommes de terre grelots
2 c. à soupe de persil italien (plat), haché
1 c. à soupe d'origan, haché

Pour 6 personnes

Réduire l'ail, les feuilles de laurier, le paprika fumé, le poivre noir, la purée de tomates, le sucre et le vinaigre en purée avec un peu d'eau au mélangeur.

Mettre l'agneau dans un plat et l'enrober de marinade. Couvrir d'une pellicule plastique et laisser mariner 2 heures à la température ambiante.

Faire chauffer l'huile dans une casserole à fond épais. Ajouter les oignons, les poivrons et le fenouil, et faire attendrir 4 à 5 minutes. Ajouter la viande marinée et les jus à la casserole, couvrir d'eau, porter à ébullition, baisser le feu et laisser mijoter.

Après 30 minutes, ajouter les pommes de terre, le persil et l'origan, et laisser mijoter dans la sauce 30 minutes de plus ou jusqu'à ce que tout soit cuit. Rectifier l'assaisonnement et servir.

4 PORTIONS: 437 KCAL, 34,1 G PROTÉINES, 23,4 G GRAS, 10,7 G GRAS SATURÉS, 23,8 G GLUCIDES, 12,1 G SUCRE, 4,1 G FIBRES, 0,29 G SEL, 116 MG SODIUM

Croupe d'agneau à la niçoise avec aïoli

Un plat qui rappelle les couleurs et les saveurs de la Provence.

1 aubergine, coupée en gros cubes
1 courgette verte, en tranches épaisses
1 courgette jaune, en tranches épaisses
1 bulbe de fenouil, en gros cubes
1 poivron rouge, épépiné et en lanières
1 poivron jaune, épépiné et en lanières larges
8 gousses d'ail, pelées
1 c. à soupe de romarin frais, haché
2 c. à soupe d'huile d'olive
Poivre noir
4 fesses (croupes) d'agneau de 150 g (5 oz) chacune, dégraissées

Pour l'aïoli
100 ml (3 ½ oz) de mayonnaise réduite en gras
½ gousse d'ail, broyée
Le jus d'un quart de citron

Pour 4 personnes

Préchauffer le four à 200 °C/400 °F/gaz 6.

Mélanger les légumes et le romarin dans l'huile d'olive, poivrer, mettre dans une rôtissoire et faire rôtir 30 à 40 minutes jusqu'à ce qu'ils soient tendres et légèrement carbonisés. Poivrer l'agneau. Après 20 minutes, mettre l'agneau sur les légumes et poursuivre le rôtissage jusqu'à ce que tout soit cuit.

Préparer l'aïoli en mélangeant, dans un bol, tous les ingrédients; poivrer.

Répartir les légumes dans 4 assiettes, couper chaque fesse (croupe) d'agneau en 4 tranches et ajouter les légumes. Arroser le pourtour des assiettes d'aïoli et servir.

4 PORTIONS: 410 KCAL, 34,4 G PROTÉINES, 25,5 G GRAS, 7,9 G GRAS SATURÉS, 11,6 G GLUCIDES, 8,7 G SUCRE, 4,6 G FIBRES, 0,88 G SEL, 350 MG SODIUM

Osso buco d'agneau à l'indienne

L'osso buco classique est une recette italienne faite à partir de jarrets de veau assez coûteux. J'utilise ici des jarrets d'agneau et de merveilleuses épices indiennes selon la même méthode. Servez accompagné de riz au safran.

2 gousses d'ail, broyées
10 cm (4 po) de gingembre frais, pelé et haché
100 ml (3 ½ oz) de yogourt nature faible en gras
4 escalopes d'un gigot d'agneau maigre de 250 à 275 g (8 à 9 oz) chacun
Poivre noir
2 c. à soupe d'huile de tournesol
1 oignon, pelé et haché
1 chili rouge, haché
1 c. à thé (à café) de poudre de cari douce
½ c. à thé (à café) de curcuma moulu
1 c. à thé (à café) de cumin moulu
1 c. à thé (à café) de cardamome moulue
400 g (14 oz) de tomates en conserve, hachées
1 c. à soupe de purée de tomates
1 c. à soupe de cassonade
1 litre (4 tasses) de bouillon de poulet (voir page 156; si vous utilisez un bouillon du commerce ou des cubes, choisissez-les faibles en sel)
1 c. à soupe de menthe fraîche, hachée
1 c. à soupe de coriandre fraîche, hachée

Pour 4 personnes

Passer l'ail et le gingembre au mélangeur avec le yogourt pour obtenir une pâte. Mettre les escalopes d'agneau dans un plat, poivrer et bien les enrober de la pâte au yogourt. Couvrir d'une pellicule plastique et laisser mariner au réfrigérateur jusqu'au lendemain.

Préchauffer le four à 180 °C/350 °F/gaz 4.

Faire chauffer l'huile dans un plat à fond épais résistant au feu. Retirer l'agneau de sa marinade, éponger tout surplus, et faire dorer de chaque côté. Le retirer du plat; réserver. Réserver la marinade.

Metre l'oignon et le chili dans le plat, et faire revenir à feu doux jusqu'à ce que l'oignon soit légèrement doré. Ajouter la poudre de cari, le curcuma, le cumin et la cardamome, et faire cuire 1 minute. Ajouter la marinade, les tomates, la purée de tomates, la cassonade et le bouillon, et porter à ébullition.

Remettre l'agneau dans la sauce, couvrir et faire cuire au four pendant 1 heure ou jusqu'à ce qu'il soit tendre. Rectifier l'assaisonnement de la sauce. Ajouter la menthe et la coriandre pour garnir.

Mettre une escalope d'agneau sur un lit de riz au safran, napper de la sauce de braisage et servir.

4 PORTIONS: 470 KCAL, 50,3 G PROTÉINES, 24,5 G GRAS, 9,7 G GRAS SATURÉS, 13 G GLUCIDES, 9,5 G SUCRE, 1,8 G FIBRES, 0,68 G SEL, 270 MG SODIUM

Agneau à la moutarde avec ail et menthe

Pour faire rôtir l'ail, mettre les gousses sur une feuille d'aluminium avec 1 c. à soupe d'huile d'olive et sceller. Cuire au four à 180 °C/350 °F/gaz 4 pendant 30 minutes, pas plus. Laisser tiédir et retirer la peau.

4 c. à soupe d'huile d'olive
8 escalopes d'agneau, dégraissées
Poivre noir
50 ml (¼ de tasse) de vin blanc sec
300 ml (1 ¼ tasse) de bouillon de poulet réduit (voir page 156; si vous utilisez un bouillon du commerce ou des cubes, choisissez-les faibles en sel)
1 c. à thé (à café) de moutarde de Dijon
1 c. à soupe de gelée de menthe
4 courgettes, en tranches épaisses

Pour l'huile à l'ail
3 c. à soupe d'huile d'olive
12 gousses d'ail, rôties (voir introduction)
2 tomates, blanchies, pelées, épépinées et en dés
Le jus d'un demi-citron
1 c. à soupe de menthe fraîche, hachée

Pour 4 personnes

Faire chauffer 2 c. à soupe de l'huile d'olive dans une casserole antiadhésive, poivrer l'agneau et cuire 3 à 4 minutes de chaque côté, ou plus si désiré. Retirer de la poêle et garder au chaud. Verser le vin et le bouillon dans la casserole et faire bouillir 5 minutes. Ajouter la moutarde et la gelée de menthe, et bien remuer.

Dans une autre casserole, faire dorer et attendrir les courgettes dans le reste de l'huile 4 à 5 minutes. Poivrer, retirer du feu et garder au chaud.

Faire chauffer l'huile, ajouter l'ail rôti, les tomates, le jus de citron et la menthe, et faire cuire au feu le plus doux 2 à 3 minutes pour laisser les saveurs fusionner. Poivrer. Disposer l'agneau sur un lit de courgettes, verser un peu de sauce à la moutarde et à la menthe tout autour, et un peu d'huile à l'ail sur l'agneau.

4 PORTIONS: 456 KCAL, 30,5 G PROTÉINES, 32,6 G GRAS, 9 G GRAS SATURÉS, 9,7 G GLUCIDES, 7,3 G SUCRE, 2,3 G FIBRES, 0,34 G SEL, 135 MG SODIUM

Côtelettes de porc avec haricots d'été et pêches grillées

Pour obtenir les meilleurs résultats, peler les pêches.

1 c. à soupe d'huile de tournesol
4 côtelettes de porc de 175 g (6 oz) chacune, dégraissées
1 c. à soupe de confiture de pêches réduite en sucre
2 c. à soupe de vinaigre balsamique
2 grosses pêches, coupées en deux et dénoyautées
100 ml (3 ½ oz) de xérès sec
100 ml (3 ½ oz) de nectar de pêche
200 ml (⅞ de tasse) de bouillon de poulet réduit (voir page 156; si vous utilisez un bouillon du commerce ou des cubes, choisissez-les faibles en sel)
250 g (½ lb) de haricots jaunes
300 g (10 oz) de haricots verts
Poivre noir

Pour 4 personnes

Faire chauffer une casserole antiadhésive et y verser l'huile. Poivrer les côtelettes de porc et les faire dorer à feu moyen 4 à 5 minutes de chaque côté. Les retirer de la poêle et garder au chaud.

Remettre la poêle à chauffer, y mettre la confiture de pêches et le vinaigre, et faire cuire 30 minutes. Ajouter les moitiés de pêches, le côté coupé vers le bas et laisser caraméliser dans le sirop au vinaigre. Lorsqu'elles sont un peu attendries, les retirer de la poêle et les garder au chaud.

Verser dans la poêle le xérès, le nectar de pêche et le bouillon. Laisser réduire de moitié et passer à travers un tamis dans une casserole propre.

Faire bouillir les haricots dans une autre casserole jusqu'à ce qu'ils soient tendres. Égoutter et poivrer.

Disposer les haricots dans 4 assiettes individuelles, couronner d'une côtelette de porc et d'une demi-pêche caramélisée, napper de la sauce et servir.

4 PORTIONS: 333 KCAL, 43 G PROTÉINES, 10 G GRAS, 2,2 G GRAS SATURÉS, 16 G GLUCIDES, 14,6 G SUCRE, 4,4 G FIBRES, 0,31 G SEL, 123 MG SODIUM

Agneau à la caponata au chou rouge

Servir avec des cubes de pommes de terre rôties à l'ail et à la sauge.

4 filets de collier d'agneau ou des aescalopes de 150 g (5 oz) chacun
2 c. à soupe d'huile d'olive
Poivre noir
1 c. à soupe de feuilles de thym frais
400 ml (1 2/3 tasse) de bouillon de poulet réduit

Pour la caponata
2 c. à soupe d'huile de tournesol
1 oignon rouge, tranché
1 petit chou rouge, tranché très mince
175 ml (¾ de tasse) de vinaigre de vin rouge
4 c. à soupe de sirop d'érable
50 g (2 oz) de raisins secs, trempés dans l'eau 30 minutes et égouttés
2 c. à soupe de pignons, rôtis

Pour 4 personnes

Préchauffer le four à 200 °C/400 °F/gaz 6.

Pour la caponata, faire chauffer l'huile dans une casserole à fond épais, y mettre l'oignon et le chou rouge, baisser le feu et faire attendrir environ 20 minutes, en remuant de temps en temps.

Ajouter le vinaigre et le sirop d'érable, et poursuivre la cuisson jusqu'à ce que les légumes soient cuits et caramélisés. Ajouter les raisins secs et les pignons, et bien mélanger. Retirer la casserole du feu et garder au chaud. Badigeonner les filets d'agneau avec de l'huile d'olive et assaisonner de poivre et de thym.

Faire chauffer une poêle antiadhésive. Y mettre l'agneau et faire dorer, en tournant de temps en temps. Cuire au four 10 à 12 minutes. Sortir du four, retirer de la poêle et garder au chaud. Ajouter le bouillon au jus de cuisson, porter de nouveau à ébullition et poivrer.

Couper l'agneau en tranches épaisses, couronner de chou rouge, napper de jus de cuisson et servir.

4 PORTIONS: 549 KCAL, 32,7 G PROTÉINES, 35,8 G GRAS, 12,3 G GRAS SATURÉS, 25, G GLUCIDES, 22,9 G SUCRE, 3,2 G FIBRES, 0,35 G SEL, 138 MG SODIUM

Côtelettes de porc à la bette à cardes et à la sauce verte

Le porc ne doit pas être trop cuit; servez-le un peu rosé, sauf aux femmes enceintes, aux jeunes enfants et aux aînés.

4 côtelettes de porc de 175 g (6 oz) chacune, dégraissées
2 c. à soupe d'huile d'olive
1 gousse d'ail, broyée
8 grosses feuilles de bette à cardes fraîche, hachées, tiges et feuilles séparées
Poivre noir
50 g (2 oz) d'abricots séchés, en petits morceaux
50 g (2 oz) de raisins secs, trempés dans l'eau tiède 30 minutes et égouttés

Pour la sauce verte
2 c. à soupe de persil italien (plat) frais, haché
2 c. à soupe de menthe fraîche, hachée
½ c. à thé (à café) de moutarde de Dijon
1 c. à soupe de petites câpres, rincées, égouttées et hachées
1 gousse d'ail, broyée
½ c. à thé (à café) de sucre
3 c. à soupe d'huile d'olive
1 c. à soupe de vinaigre de vin blanc

Pour 4 personnes

Au mélangeur, faire une pâte avec les herbes, la moutarde, les câpres, l'ail, le sucre, l'huile et le vinaigre.

Dans une casserole, faire chauffer l'huile d'olive et l'ail. Ajouter les tiges de bette à cardes et poivrer. Ajouter 100 ml (3 ½ oz) d'eau et faire cuire 5 minutes. Ajouter les feuilles de la bette à cardes, les abricots et les raisins secs, et attendrir 3 à 4 minutes.

Entre-temps, faire chauffer une poêle antiadhésive et y verser le reste de l'huile. Poivrer le porc et faire dorer de chaque côté. Baisser le feu, ajouter 1 c. à soupe d'eau, couvrir et faire cuire à feu doux 5 à 6 minutes. Garder au chaud.

Pour servir, placer les côtelettes dans des assiettes, napper de sauce et accompagner de bette à cardes braisée. Servir immédiatement.

4 PORTIONS: 381 KCAL, 36,2 G PROTÉINES, 19,3 G GRAS, 3,6 G GRAS SATURÉS, 16,8 G GLUCIDES, 14,5 G SUCRE, 1,3 G FIBRES, 0,90 G SEL, 356 MG SODIUM

Porc croustillant aux pommes, à la sauge et à la rémoulade de céleri-rave

J'aime bien servir ces fines escalopes enrobées d'une croûte de chapelure croustillante avec une purée de pommes de terre ou des pommes de terre grelots rôties.

4 côtelettes, ou filet de porc, de 175 g (6 oz), désossées et dégraissées
1 œuf, battu
3 c. à soupe de lait partiellement écrémé
75 g (1 ½ tasse) de chapelure de blé complet fraîche
3 c. à soupe d'huile de tournesol
2 pommes Granny Smith, évidées et en 6 quartiers
1 c. à thé (à café) de cassonade
250 ml (1 tasse) de jus de pomme sans sucre ajouté
100 ml (3 ½ oz) de bouillon de poulet réduit (voir page 156; si vous utilisez un bouillon du commerce ou des cubes, choisissez-les faibles en sel)
8 petites feuilles de sauge

Pour la rémoulade au céleri-rave
1 céleri-rave moyen d'environ 300 g (10 oz), pelé
Le jus d'un demi-citron
2 c. à thé (à café) de moutarde de Dijon
2 c. à soupe de mayonnaise réduite en gras
Poivre noir

Pour 4 personnes

À l'aide d'un maillet ou d'un rouleau à pâtisserie, aplatir les côtelettes de porc entre deux pellicules plastiques. Mélanger l'œuf et le lait dans un bol. Tremper les escalopes de porc dans le mélange à l'œuf puis dans la chapelure en veillant à ce qu'elles soient bien enrobées.

Pour préparer la rémoulade, râper grossièrement le céleri-rave dans un bol et ajouter le jus de citron. Laisser reposer 5 minutes et essorer avec les mains le céleri-rave pour en extraire le surplus de liquide. Assécher avec un linge sec et mettre dans un bol. Incorporer la moutarde et la mayonnaise et poivrer.

Faire chauffer 1 c. à soupe de l'huile dans une poêle antiadhésive, y mettre les quartiers de pomme et faire dorer 1 minute.

Saupoudrer de cassonade et laisser caraméliser légèrement dans la poêle. Ajouter le jus de pomme, le bouillon et la sauge. Faire cuire jusqu'à ce que les pommes soient tendres et que la sauce ait réduit de moitié.

Faire chauffer les 2 c. à soupe d'huile qui restent dans une grande casserole antiadhésive, et y mettre les escalopes. Faire cuire pendant 2 à 3 minutes jusqu'à ce qu'elles soient dorées et croustillantes.

Mettre les pommes en sauce dans des assiettes, surmonter chacune d'une escalope, garnir de rémoulade au céleri-rave et servir.

4 PORTIONS: 460 KCAL, 44 G PROTÉINES, 20,6 G GRAS, 4,4 G GRAS SATURÉS, 26,1 G GLUCIDES, 16,4 G SUCRE, 4,8 G FIBRES, 1,05 G SEL, 415 MG SODIUM

Filet de bœuf à la purée de patate douce et de noisettes

Le Nutella, une tartinade au chocolat et aux noisettes très populaire, est vendue dans la plupart des supermarchés.

½ c. à soupe de sirop d'érable
1 c. à soupe de vinaigre balsamique
1 c. à thé (à café) de poivre noir
½ c. à thé (à café) de feuilles de thym frais
4 filets de bœuf de 140 g (5 oz) chacun
2 grosses patates douces
25 g (1 oz) de margarine (produit à tartiner) mono- ou polyinsaturée
1 c. à soupe de Nutella
Poivre
2 c. à soupe d'huile de tournesol
300 g (10 oz) d'oignons miniatures
1 c. à thé (à café) de sucre
400 ml (1 ⅔ tasse) de bouillon de poulet réduit (voir page 156; si vous utilisez un bouillon du commerce ou des cubes, choisissez-les faibles en sel)
200 g (7 oz) de champignons sauvages variés, nettoyés et parés

Pour 4 personnes

Dans un plat peu profond, mélanger le sirop d'érable et le vinaigre balsamique, le poivre et le thym. Ajouter les filets de bœuf, bien mélanger, couvrir et laisser mariner au réfrigérateur jusqu'au lendemain.

Préchauffer le four à 180 °C/350 °F/gaz 4.

Piquer les patates douces à la fourchette, emballer chacune dans une feuille d'aluminium et faire attendrir au four sur une tôle à biscuit 30 minutes. Laisser tiédir avant de les peler. Passer les patates douces à travers un tamis ou piler pour obtenir une purée lisse, ajouter la margarine et le Nutella, mélanger de nouveau et poivrer. Garder au chaud.

Faire chauffer 1 c. à soupe d'huile dans une poêle antiadhésive et y faire dorer les oignons. Ajouter le sucre et faire caraméliser. Y verser le bouillon et laisser mijoter pour attendrir. Ajouter les champignons sauvages, faire cuire 2 minutes et réserver. Faire chauffer le reste de l'huile dans une poêle antiadhésive et y faire dorer les filets de bœuf, 3 à 4 minutes de chaque côté, ou plus si désiré. Les retirer de la poêle et garder au chaud.

Verser 2 c. à soupe de la marinade du bœuf dans la poêle avec les oignons et les champignons réservés, et faire chauffer à feu doux. Disposer les patates et le bœuf dans des assiettes, napper de la sauce et servir.

4 PORTIONS: 479 KCAL, 34,8 G PROTÉINES, 20,5 G GRAS, 5,4 G GRAS SATURÉS, 41,4 G GLUCIDES, 16,2 G SUCRE, 5 G FIBRES, 0,55 G SEL, 217 MG SODIUM

Venaison grillée aux épices avec risotto aux betteraves et pommes

La croûte d'épices qui enveloppe ces médaillons leur ajoute un parfum qui se marie bien au risotto au goût légèrement sucré. Je sers souvent ce plat accompagné d'une purée de brocoli.

8 médaillons de venaison maigre de 80 g (3 oz) chacun
½ c. à thé (à café) de grains de poivre noir, concassés
1 c. à thé (à café) de graines de fenouil, concassées
2 c. à soupe de coriandre hachée
1 c. à soupe de menthe hachée
2,5 cm (1 po) de gingembre frais, pelé et râpé
1 c. à soupe d'huile d'olive

Pour le risotto
700 ml (2 ¾ tasses) de bouillon de poulet (voir page 156; si vous utilisez un bouillon du commerce ou des cubes, choisissez-les faibles en sel)
100 ml (3 ½ oz) de vin rouge
Le jus d'une petite betterave crue
2 c. à soupe d'huile d'olive
1 petit oignon, haché
1 grosse betterave, cuite et en dés
250 g (1 ¼ tasse) de riz pour risotto (arborio ou carnaroli)
½ pomme Granny Smith, pelée et râpée
Une noix de beurre doux

Pour 4 personnes

Mettre les médaillons dans un plat peu profond. Dans un bol, mélanger tous les ingrédients de l'assaisonnement, sauf l'huile. Frotter généreusement la venaison avec le mélange d'épices, couvrir d'une pellicule plastique et laisser reposer à la température ambiante 1 heure.

Pour le risotto, verser le bouillon, le vin et la moitié du jus de betterave dans une casserole. Porter à ébullition et laisser mijoter 5 minutes. Faire chauffer l'huile dans une casserole à fond épais, y mettre l'oignon et la betterave, et faire cuire 2 minutes. Ajouter le riz et remuer pour bien l'enrober.

Ajouter le bouillon chaud graduellement, environ 150 ml (⅝ de tasse) à la fois, en remuant continuellement; il doit être complètement évaporé avant d'en ajouter plus. Le riz devrait être al dente.

Ajouter la pomme râpée, le reste du jus de betterave et le beurre pour terminer, qui donnera une belle rondeur au riz. Assaisonner d'un peu de poivre noir.

Pendant que le risotto cuit, faire cuire la venaison. Bien faire chauffer le barbecue ou la plaque à griller, badigeonner généreusement les médaillons d'huile et les faire griller 3 à 4 minutes de chaque côté, ou plus, au goût.

Mettre le risotto aux betteraves dans des assiettes, surmonter des médaillons de venaison épicés et servir.

4 PORTIONS: 505 KCAL, 42 G PROTÉINES, 13 G GRAS, 2,7 G GRAS SATURÉS, 56 G GLUCIDES, 5,2 G SUCRE, 2 G FIBRES, 0,37 G SEL, 145 MG SODIUM

Desserts

Crème anglaise au lait aux amandes, au safran et à l'eau de rose

Garnir de quelques framboises ou fraises sauvages juteuses pour un petit extra.

50 g (2 oz) d'amandes
entières, blanchies et rôties
350 ml (1 ⅓ tasse)
de lait partiellement écrémé
40 g (¼ de tasse) de sucre
½ c. à thé (à café) d'extrait
de vanille
Une généreuse pincée de safran
2 œufs plus 2 jaunes
2 c. à soupe de poudre
à crème anglaise
2 c. à soupe d'eau de rose
1 c. à soupe d'Amaretto
(facultatif)
Petits fruits frais et amandes
effilées, rôties, pour servir
Sucre à glacer, pour saupoudrer

Pour 4 personnes

Moudre finement les amandes entières au mélangeur. Dans une casserole, porter à ébullition le lait, le sucre et l'extrait de vanille. Retirer la casserole du feu, ajouter les amandes moulues et le safran, et laisser infuser 15 minutes.

Dans un bol, fouetter les œufs, les jaunes d'œufs et le reste du sucre jusqu'à l'obtention d'une crème légère. Incorporer ensuite, en fouettant, la poudre à crème anglaise. En fouettant, ajouter le lait d'amandes, l'eau de rose et l'Amaretto, si utilisé.

Laver la casserole et remettre la crème anglaise dedans. Faire chauffer à feu doux, en remuant continuellement, jusqu'à ce qu'elle soit épaisse (ne pas laisser bouillir). Verser la crème anglaise dans des plats à gratin individuels ou des ramequins. Placer les plats sur un plateau et réfrigérer un maximum de 2 heures ou jusqu'à ce que les poudings soient fermes.

Pour servir, garnir de petits fruits et d'amandes effilées, et saupoudrer généreusement de sucre glace.

4 PORTIONS: 260 KCAL, 11 G PROTÉINES, 15 G GRAS, 3,3 G GRAS SATURÉS, 20 G GLUCIDES, 15,5 G SUCRE, 0,9 G FIBRES, 0,26 G SEL, 104 MG SODIUM

Bananes en papillote avec sorbet à la banane

Les bananes sont une bonne source de potassium, qui peut contribuer à baisser la pression artérielle. Les abricots et le jus d'orange en contiennent aussi.

400 g (14 oz) d'abricots frais,
dénoyautés et hachés
150 ml (⅝ de tasse)
de jus d'orange frais ou
du commerce
1 c. à soupe de sucre
2 gousses de vanille,
fendues sur la longueur
4 petits bâtons de cannelle
8 graines d'anis étoilé
4 bananes mûres
de taille moyenne
Sorbet à la banane,
pour servir (voir page 148)
Quelques petites feuilles
de menthe, pour garnir

Pour 4 personnes

Préchauffer le four à 200 °C/400 °F/gaz 6.

Mettre les abricots, le jus d'orange et le sucre dans une casserole. Ajouter la vanille, la cannelle et l'anis étoilé, et faire cuire à feu doux pendant 10 minutes, jusqu'à ce que les abricots soient très tendres. Retirer les épices de la poêle; réserver.

Réduire le contenu de la casserole en purée très lisse au mélangeur. Couper 4 morceaux de papier aluminium de 25 x 15 cm (10 x 6 po) et les étendre sur la surface de travail. Placer une banane pelée sur chaque rectangle de papier et ramener les bords du papier pour former un bateau.

Verser la sauce aux abricots sur les bananes et ajouter les épices réservées (vanille, anis et cannelle). Ramener les bords de chaque papillote et les sceller en chiffonnant le papier dans le haut. Placer sur une plaque à biscuits et cuire au four 15 à 20 minutes.

Laissez vos invités ouvrir les papillotes à table. Agrémenter d'une boule de sorbet à la banane et garnir de feuilles de menthe.

4 PORTIONS: 156 KCAL, 2 G PROTÉINES, 1 G GRAS, 0,1 G GRAS SATURÉS, 38 G GLUCIDES, 34,9 G SUCRE, 2,7 G FIBRES, 0,02 G SEL, 7 MG SODIUM

Kébabs de fruits grillés en sirop de vinaigre balsamique

Vous pouvez varier le choix de fruits selon la saison et vos préférences, mais n'oubliez pas que les fruits doivent être assez fermes, pas trop mûrs, pour pouvoir être grillés. Les kébabs peuvent être préparés d'avance et cuits dans le sirop au moment voulu, bien que les fruits coupés longtemps d'avance perdent beaucoup de leur teneur en vitamine C. Les brochettes de bois devraient être trempées dans de l'eau pendant une heure avant de servir; cela les empêchera de brûler et de noircir sur le gril.

2 nectarines
4 prunes rouges
Le zeste et le jus de 1 orange
2 bananes
2 c. à soupe de Grand Marnier ou d'une autre liqueur à l'orange (facultatif)
225 g (½ lb) de cubes d'ananas frais
12 grosses fraises, coupées en deux

Pour le sirop
2 c. à soupe de cassonade
75 ml (⅜ de tasse) de vinaigre balsamique

Pour 4 personnes

Couper les nectarines et les prunes en deux, retirer le noyau, et couper chaque moitié en gros cubes. Peler les bananes et les couper en tranches de 3 cm (1 ¼ po) d'épaisseur.

Dans un bol, mélanger le jus, le zeste et la liqueur d'orange, si utilisée, et ajouter tous les morceaux de fruits. Mettre de côté 30 minutes.

Embrocher les fruits marinés sur les brochettes en bois, en alternant les couleurs pour un coup d'œil intéressant; compter 2 kébabs par personne. Réfrigérer jusqu'au moment de les faire griller.

Préchauffer le gril à la température maximale. Faire chauffer la cassonade et le vinaigre dans une petite casserole pendant 3 à 4 minutes, ou jusqu'à ce que le mélange devienne sirupeux. Placer les kébabs sur la plaque à griller, les badigeonner généreusement de sirop, et les faire griller pendant 4 à 5 minutes jusqu'à ce que les fruits deviennent lustrés, en les tournant régulièrement. Arroser les fruits d'un filet de sirop, s'il en reste, et servir.

4 PORTIONS: 176 KCAL, 2,6 G PROTÉINES, 0,4 G GRAS, 0,1 G GRAS SATURÉS, 42,9 G GLUCIDES, 41,8 G SUCRE, 3,4 G FIBRES, 0,02 G SEL, 10 MG SODIUM

Abricots caramélisés avec raisins et miel au romarin

J'utilise très rarement du beurre dans les recettes de cet ouvrage mais, dans le cas de celle-ci, une petite noix d'un bon beurre doux est essentielle.

12 abricots frais pas trop mûrs, ou en conserve
300 g (10 oz) de raisins blancs sans pépins, pelés ou non
2 c. à soupe de miel
Une petite noix de beurre doux
1 c. à soupe de brandy
1 c. à thé (à café) de feuilles de romarin, hachées
Le jus d'un citron
2 c. à soupe d'amandes effilées, légèrement rôties, pour servir
Yogourt nature faible en gras, pour servir

Pour 4 personnes

Couper les abricots en deux et retirer les noyaux.

Faire chauffer une poêle antiadhésive, y mettre les abricots et les raisins, puis le miel et le beurre, et faire caraméliser à feu vif jusqu'à ce que les fruits soient dorés.

Ajouter le brandy et faire cuire pendant 30 secondes; ajouter ensuite 4 c. à soupe d'eau. Ajouter le romarin et le jus de citron, et mélanger pour qu'une sauce se crée autour des fruits.

Répartir les fruits dans 4 assiettes, parsemer d'amandes rôties et servir accompagnés de yogourt.

4 PORTIONS: 130 KCAL, 2 G PROTÉINES, 1 G GRAS, 0,7 G GRAS SATURÉS, 28 G GLUCIDES, 27,7 G SUCRE, 2,3 G FIBRES, 0,01 G SEL, 5 MG SODIUM

Fromage frais aux cerises de terre et à la fleur de sureau

Le fromage frais de cette recette est soyeux et léger, et couronné d'une exquise compote parfumée de cerises de terre à saveur de miel et de fleur de sureau. Je fais usage des cerises de terre chaque fois que l'occasion se présente de préparer des sauces, des tartelettes, des poudings et des compotes. Ce plat peut aussi être servi au petit-déjeuner.

2 grandes feuilles de gélatine
1 c. à soupe de cordial à la fleur de sureau
300 ml (1 ¼ tasse) de fromage frais faible en gras
Le zeste d'un demi-citron
1 blanc d'œuf
2 c. à soupe de sucre

Pour la compote aux cerises de terre
2 c. à soupe de cordial à la fleur de sureau
75 ml (⅜ de tasse) de miel
225 g (½ lb) de cerises de terre pas trop mûres
1 c. à thé (à café) de jus de citron

Pour 4 personnes

Pour la compote aux cerises de terre, mettre le cordial à la fleur de sureau et le miel dans une casserole, porter à ébullition et laisser mijoter à feu doux. Ajouter les cerises de terre et faire attendrir 8 à 10 minutes, jusqu'à ce que le liquide soit sirupeux. Laisser tiédir et ajouter le jus de citron.

Mettre les feuilles de gélatine dans un bol, les couvrir tout juste d'eau froide et les laisser ramollir pendant 4 à 5 minutes. Entre-temps, faire chauffer le cordial à la fleur de sureau dans une petite casserole. Essorer les feuilles de gélatine et les faire fondre en les remuant dans le cordial chauffé; laisser tiédir légèrement.

Mettre le fromage frais et le zeste de citron dans un bol, y verser le cordial et la gélatine liquide, et bien mélanger.

Monter le blanc d'œuf en neige avec la moitié du sucre jusqu'à la formation de pics fermes, et incorporer en pliant le reste du sucre. Incorporer en pliant le blanc d'œuf en neige dans le fromage frais, en veillant à ce que le mélange soit bien homogène. Répartir le mélange dans 4 bols ou verres et laisser prendre au réfrigérateur pendant 1 heure.

Couronner chaque fromage frais de compote aux cerises de terre et servir.

4 PORTIONS: 165 KCAL, 10 G PROTÉINES, 0 G GRAS, 0 G GRAS SATURÉS, 33 G GLUCIDES, 32,6 G SUCRE, 1,4 G FIBRES, 0,15 G SEL, 60 MG SODIUM

Flotteur aux agrumes

Ce dessert me ramène à l'époque de mon enfance où ma mère me préparait ces délicieux flotteurs avec de la crème glacée à la vanille dans un verre de coca-cola. Ma variante plus exotique marie différents agrumes de couleur vive et un sorbet exotique à base de litchis. Les litchis en conserve sont parfaits pour ce sorbet et, bien sûr, se trouvent plus facilement que les frais dans les épiceries.

Pour le sorbet
2 c. à soupe de sucre
100 ml (3 ½ oz) d'eau
425 g (15 oz) de litchis dans le sirop en conserve
100 ml (3 ½ oz) de jus de pamplemousse rose sans sucre ajouté
2 c. à soupe de rhum blanc (facultatif)

Pour le flotteur
1 orange sucrée
1 pamplemousse rose
1 lime
1 morceau de gingembre confit, haché finement et 60 ml (¼ de tasse) de sirop du pot
2 tiges de citronnelle, l'enveloppe extérieure enlevée, l'intérieur haché finement
Menthe, au goût
300 ml (1 ¼ tasse) de soda mousse (cream soda)

Pour 4 personnes

Pour le sorbet, mettre le sucre et l'eau dans une casserole. Porter lentement à ébullition et laisser mijoter pendant 5 minutes jusqu'à ce que le sucre soit dissous. Retirer du feu et laisser tiédir.

Égoutter les litchis; réserver 150 ml (⅝ de tasse) du sirop. Dans le mélangeur, réduire en purée lisse les litchis, ajouter le sirop de litchis réservé, le sirop simple tiédi et le jus de pamplemousse. Incorporer le rhum en remuant, si utilisé.

Passer à travers un tamis fin, verser dans une sorbetière et congeler selon le mode d'emploi du fabricant. Conserver au congélateur si le sorbet n'est pas consommé tout de suite.

Pour le flotteur, enlever au couteau la pelure et la membrane blanche de tous les agrumes et diviser l'orange et le pamplemousse en quartiers; réserver. Dans une petite casserole, faire chauffer à feu doux le gingembre confit et son sirop, la citronnelle et la menthe environ 1 minute. Passer au tamis et laisser tiédir.

Pour servir, mettre 1 ou 2 boules de sorbet aux litchis dans un verre à martini ou un verre sans pied. Couronner le sorbet de fruits et arroser du sirop au gingembre tiédi. Pour terminer, verser le soda mousse dans le verre et servir immédiatement pendant qu'il y a encore des bulles.

4 PORTIONS:227 KCAL, 1,5 G PROTÉINES, 0,2 G GRAS, 0 G GRAS SATURÉS, 58,3 G GLUCIDES, 57,6 G SUCRE, 2 G FIBRES, 0,05 G SEL, 23 MG SODIUM

Gratin à la verveine citronnelle et aux petits fruits

La verveine citronnelle confère une délicieuse saveur citronnée à toutes sortes d'aliments.

200 g (7 oz) de framboises
100 g (3 ½ oz) de mûres
100 g (3 ½ oz) de bleuets (myrtilles)
4 feuilles de verveine citronnelle, ciselées
1 c. à soupe de kirsch (facultatif)
2 gros œufs, jaunes et blancs séparés
60 g (¼ de tasse plus 1 c. à soupe) de sucre
Le jus et le zeste de 2 citrons
1 c. à thé (à café) de fécule de maïs
Un peu de sucre à glacer, pour saupoudrer

Pour 4 personnes

Préchauffer le four à 180 °C/350 °F/gaz 4.

Dans un bol, mélanger les petits fruits, ajouter la verveine citronnelle et le kirsch, si utilisé, et couvrir d'une pellicule plastique. Laisser macérer 20 à 30 minutes.

Entre-temps, fouetter les jaunes d'œufs et 50 g (¼ de tasse) de sucre dans un bol pour obtenir une crème légère et onctueuse. Incorporer le jus et le zeste des citrons en remuant, plus la fécule de maïs. Verser dans une casserole à fond épais et faire chauffer, en remuant, jusqu'à ce que la crème commence à épaissir, mais ne pas laisser bouillir. Laisser tiédir, en remuant de temps en temps pour éviter qu'une peau ne se forme à la surface.

Battre en neige les blancs d'œufs avec le reste du sucre jusqu'à la formation de pics fermes. Ajouter en pliant dans la sauce au citron. Répartir les fruits dans 4 plats peu profonds allant au four et y verser la sauce au citron. Faire cuire au four 18 à 20 minutes, jusqu'à ce que les gratins soient gonflés et dorés. Saupoudrer généreusement de sucre glace et servir.

4 PORTIONS: 141 KCAL, 5 G PROTÉINES, 4 G GRAS, 0,9 G GRAS SATURÉS, 24 G GLUCIDES, 22,7 G SUCRE, 2,5 G FIBRES, 0,12 G SEL, 47 MG SODIUM

Cerises chaudes avec sorbet au vin rouge, réglisse et yogourt

Les gens dont la pression artérielle est très élevée devraient éviter une surconsommation de réglisse qui a le potentiel de faire monter la pression.

Le zeste d'un demi-citron
2 c. à soupe de miel
100 ml (3 ½ oz) de vin rouge
1 c. à soupe de gelée de cassis réduite en sucre
½ c. à soupe d'essence de réglisse (ou 2 bâtons de réglisse, pelés et hachés)
350 g (¾ de lb) de cerises mûres, dénoyautées
1 c. à soupe de pistaches, hachées (facultatif), pour servir

Pour le sorbet
400 g (14 oz) de yogourt faible en gras
100 ml (3 ½ oz) de lait partiellement écrémé
50 g (¼ de tasse) de sucre

Pour 4 personnes

Pour le sorbet, mélanger le yogourt, le lait et le sucre dans un bol. Verser dans la sorbetière et congeler selon le mode d'emploi du fabricant.

Mettre le zeste, le miel, le vin rouge, la gelée de cassis et l'essence de réglisse dans une petite casserole et porter à ébullition. Laisser mijoter à feu doux 2 à 3 minutes et ajouter les cerises. Laisser mijoter doucement à découvert 5 minutes de plus.

Répartir dans 4 bols et couronner de sorbet au yogourt. Parsemer le sorbet de pistaches hachées, si utilisées. Servir immédiatement.

4 PORTIONS: 197 KCAL, 6,8 G PROTÉINES, 1,5 G GRAS, 0,9 G GRAS SATURÉS, 39,5 G GLUCIDES, 39,2 G SUCRE, 0, G FIBRES, 0,23 G SEL, 91 MG SODIUM

Meringues aux pêches

Les pêches en saison donnent évidemment les meilleurs résultats.

4 grosses pêches mûres
4 petites meringues du commerce
300 ml (1 ¼ tasse) de fromage frais faible en gras
4 biscuits Amaretti, broyés
1 c. à soupe d'Amaretto (facultatif)
Poudre de cacao, pour saupoudrer

Pour 4 personnes

Mettre les pêches dans un bol, les couvrir d'eau bouillante, les y laisser 1 minute et les retirer à l'aide d'une cuiller à égoutter. Peler et couper les pêches en deux, les dénoyauter et les couper en gros cubes; réserver.

Dans un bol, casser les meringues en gros morceaux, ajouter le fromage frais, les biscuits broyés et l'Amaretto, si utilisé. Ajouter les ⅔ des pêches et incorporer délicatement en pliant.

Remplir 4 verres sans pied de ce mélange. Couronner du reste des morceaux de pêche, saupoudrer légèrement de poudre de cacao, et servir.

4 PORTIONS: 176 KCAL, 8 G PROTÉINES, 1 G GRAS, 0,4 G GRAS SATURÉS, 35 G GLUCIDES, 31 G SUCRE, 2,5 G FIBRES, 0,19 G SEL, 75 MG SODIUM

Gâteau à la polenta citronnée aux figues

Certaines marques de polenta contiennent du sel; vérifiez bien l'étiquette. Le goût acidulé du sirop au citron combiné aux figues fait de ce dessert un vrai délice. Des poires ou des kumquats pochés feraient aussi très bien l'affaire.

6 œufs, blancs et jaunes séparés
150 g (¾ de tasse) de sucre
200 ml (⅞ de tasse) de yogourt nature faible en gras
Le zeste et le jus de 2 citrons
90 g (3 oz) de polenta
1 c. à thé (à café) de poudre levante faible en sodium
150 g (5 oz) d'amandes, moulues
4 figues mûres et fermes en quartiers
2 c. à soupe d'amandes effilées, légèrement rôties

Pour le sirop au citron
4 citrons
2 c. à soupe de sirop d'érable
100 ml (3 ½ oz) d'eau

Pour 8 personnes

Préchauffer le four à 180 °C/350 °F/gaz 4. Graisser légèrement un moule à gâteau de 18 cm (7 po), carré ou rond, et tapisser le fond de papier ingraissable.

Battre les jaunes d'œufs dans un bol, ajouter le sucre et fouetter jusqu'à l'obtention d'une crème légère et onctueuse. Ajouter le yogourt, le jus et le zeste des citrons. À l'aide d'une cuiller en métal, incorporer, en pliant, la polenta, la poudre levante et les amandes moulues.

Dans un autre bol, fouetter les blancs d'œufs jusqu'à la formation de pics fermes, et incorporer au mélange au yogourt en pliant (éviter de trop mélanger).

Remplir le moule à gâteau préparé et niveler la surface de la pâte. Faire cuire au four 30 à 40 minutes jusqu'à ce que la pointe d'un petit couteau en ressorte propre. Laisser tiédir légèrement avant de démouler sur une grille.

Pour le sirop, zester 2 des citrons et extraire le jus des 4 citrons. Mélanger le zeste et le jus au sirop et à l'eau dans une petite casserole, et faire mijoter 2 à 3 minutes.

Couper le gâteau en carrés ou en tranches, couronner chaque carré ou tranche de deux quartiers de figue, arroser d'un filet de sirop au citron tiède et parsemer d'amandes rôties. Servir.

4 PORTIONS: 348 KCAL, 12,9 G PROTÉINES, 17,6 G GRAS, 2,5 G GRAS SATURÉS, 36,7 G GLUCIDES, 28,1 G SUCRE, 2,3 G FIBRES, 0,29 G SEL, 117 MG SODIUM

Pouding à la marmelade à l'orange

Le yogourt en fait un pouding très léger tandis que la marmelade, qui cuit au fond du plat, ajoute une touche amère délicieuse.

50 g (2 oz) de margarine (produit à tartiner) polyinsaturée
100 ml (3 ½ oz) de yogourt nature faible en gras
75 g (⅜ de tasse) de sucre
½ c. à thé (à café) de zeste d'orange, râpé
2 œufs
75 g (¾ de tasse) de farine
40 g (⅜ de tasse) de farine de maïs
1 c. à thé (à café) de poudre levante faible en sodium
100 ml de sirop d'érable
4 c. à soupe de marmelade réduite en sucre
Sucre à glacer, pour saupoudrer
Yogourt nature faible en gras ou crème glacée à la vanille faible en gras, pour servir

Pour 6 personnes

Graisser légèrement les parois et le fond de 6 moules à soufflé ou ramequins de 180 ml (¾ de tasse). Dans un bol, battre ensemble la margarine, le yogourt, le sucre et le zeste pour obtenir une crème légère et aérienne. Incorporer, en fouettant, un œuf à la fois. Tamiser les farines et la poudre levante. Incorporer en pliant au mélange à la margarine. Mélanger le sirop d'érable et la marmelade dans un bol.

Verser le mélange dans le fond des plats graissés. Verser ensuite soigneusement le mélange à pouding sur la marmelade et remplir les plats à ras bord. Couvrir d'une pellicule plastique et mettre dans une rôtissoire profonde. Verser de l'eau bouillante dans la rôtissoire jusqu'à la mi-hauteur des plats à pouding.

Couvrir la rôtissoire, porter de nouveau à ébullition, baisser le feu et laisser mijoter. Laisser cuire pendant 25 à 30 minutes, jusqu'à ce qu'un petit couteau inséré au centre des poudings en ressorte propre. Retirer soigneusement les poudings de la rôtissoire et laisser tiédir. Saupoudrer de sucre à glacer et servir tiède, accompagné de yogourt ou de crème glacée faible en gras.

4 PORTIONS: 270 KCAL, 5 G PROTÉINES, 8 G GRAS, 1,9 G GRAS SATURÉS, 47 G GLUCIDES, 29,6 G SUCRE, 0,5 G FIBRES, 0,39 G SEL, 153 MG SODIUM

Omelette aux fruits d'été

Ce dessert inhabituel se prépare en un tournemain.

1 c. à thé (à café) de beurre doux
2 c. à soupe de sucre
125 g (¼ de lb) de mûres
150 g (5 oz) de framboises
100 g (3 ½ oz) de bleuets (myrtilles)
6 œufs
1 petite gousse de vanille fendue, les graines retirées, ou ½ c. à thé (à café) d'extrait de vanille
1 c. à soupe de kirsch
2 c. à soupe d'amandes effilées, légèrement rôties
Sucre à glacer, pour saupoudrer
Fromage frais faible en gras, pour servir

Pour 4 personnes

Préchauffer le gril à la température maximale. Chauffer le beurre dans une poêle à frire de taille moyenne. Ajouter 1 c. à thé (à café) du sucre et les fruits, et mélanger dans la poêle 1 minute.

Dans un bol, fouetter les œufs avec le reste du sucre, les graines ou l'extrait de vanille et le kirsch, si utilisé. Verser le mélange aux œufs sur les fruits et remuer délicatement avec une fourchette, jusqu'à ce que les œufs soient un peu pris.

Parsemer d'amandes effilées, saupoudrer généreusement de sucre à glacer, et placer sous le gril jusqu'à ce que le sucre soit légèrement caramélisé et doré. Glisser délicatement l'omelette sur une grande assiette de service et saupoudrer de nouveau de sucre glace. Servir accompagnée de fromage blanc faible en gras.

4 PORTIONS: 288 KCAL, 13 G PROTÉINES, 14 G GRAS, 3,6 G GRAS SATURÉS, 26 G GLUCIDES, 26,2 G SUCRE, 2,7 G FIBRES, 0,33 G SEL, 131 MG SODIUM

Gelée aux fraises et au melon d'eau avec pesto sucré

J'adore la fraîcheur de ce dessert, qui, idéalement, ne devrait être réalisé qu'en plein été lorsque nos fraises sont les plus juteuses et délicieuses.

500 g (1 lb) de fraises mûres, équeutées et coupées en deux
300 g (10 oz) de melon d'eau sans l'écorce, en cubes
40 g (¼ de tasse) de sucre
4 feuilles de gélatine
100 ml (3 ½ oz) de vin rosé (ou de champagne!)

Pour le pesto sucré
20 feuilles de basilic frais
4 c. à soupe de sirop d'érable
Le jus d'une lime
2 c. à soupe d'amandes effilées

Fromage blanc, pour servir

Pour 4 personnes

Mettre 300 g (10 oz) de fraises et la moitié du melon d'eau dans un bol et couvrir avec le sucre et 200 ml (⅞ de tasse) d'eau. Placer le bol au-dessus d'une casserole d'eau bouillante et laisser cuire 90 minutes. À la fin du temps de cuisson, les fraises devraient avoir relâché leur jus.

Retirer le bol de la casserole et en passer le contenu à travers un tamis fin (ou un filtre à café) pour obtenir un jus sucré et clair. Mettre les feuilles de gélatine dans un bol d'eau froide pendant 4 à 5 minutes pour les ramollir. Mesurer 200 ml (⅞ de tasse) du jus et faire chauffer à feu doux dans une casserole. Essorer les feuilles de gélatine avec les mains, ajouter au jus et bien remuer jusqu'à ce qu'elles soient complètement dissoutes. Ajouter le vin, ou le champagne, et verser dans un bol pour laisser tiédir.

Entre-temps, mettre le reste des fraises et du melon d'eau dans des bols à soupe peu profonds ou des verres. Verser le jus sur les fruits et réfrigérer pendant 30 minutes pour faire prendre.

Pour le pesto sucré, réduire tous les ingrédients en purée au mélangeur jusqu'à l'obtention d'une texture grossière. Couronner les gelées d'une généreuse cuillerée de fromage frais, arroser d'un filet de pesto sucré et servir.

4 PORTIONS: 204 KCAL, 8 G PROTÉINES, 3 G GRAS, 0,2 G GRAS SATURÉS, 35 G GLUCIDES, 33,3 G SUCRE, 1,8 G FIBRES, 0,08 G SEL, 32 MG SODIUM

Croustade aux poires, à la rhubarbe et aux canneberges (airelles)

Un mélange de fruits sucrés et acidulés qui se marient merveilleusement bien, surmonté d'une croûte à l'avoine croustillante.

3 poires fermes et mûres, pelées et le cœur enlevé
475 g (17 oz) de rhubarbe, parée et en morceaux de 2,5 cm (1 po)
50 g (¼ de tasse) de cassonade
Le zeste d'une orange
300 g (10 oz) de canneberges (airelles) fraîches ou surgelées
150 ml (⅝ de tasse) de jus de canneberges (airelles)

Pour la garniture croustillante
75 g (½ tasse) de farine complète
50 g (¾ de tasse) de flocons d'avoine
50 g (¼ de tasse) de cassonade
50 g (3 oz) de noisettes, broyées
50 g (2 oz) de margarine (produit à tartiner) polyinsaturée, légèrement chauffée
Yogourt, ou fromage frais, faible en gars, pour accompagner

Pour 4 personnes

Préchauffer le four à 200 °C/400 °F/gaz 6.

Couper les poires en gros morceaux et les disposer dans un plat peu profond allant au four. Ajouter la rhubarbe, la cassonade, le zeste d'orange et les canneberges. Verser le jus de canneberges sur les fruits. Faire cuire au four 10 minutes.

Dans un bol, mélanger la farine, les flocons d'avoine, la cassonade et les noisettes. Incorporer la margarine en sablant pour obtenir une texture de chapelure. Retirer les fruits du four et parsemer de chapelure, en appuyant délicatement sur les fruits.

Faire cuire au four 25 minutes, jusqu'à ce que la croustade soit bouillante et dorée. Servir accompagnée de yogourt, ou de fromage frais, faible en gras.

4 PORTIONS: 447 KCAL, 8 G PROTÉINES, 18 G GRAS, 2,6 G GRAS SATURÉS, 67 G GLUCIDES, 46,7 G SUCRE, 9,8 G FIBRES, 0,31 G SEL, 122 MG SODIUM

Pouding au pain aux pacanes avec sorbet à la banane

J'ai ajouté une touche décadente au pouding au pain traditionnel en incorporant des pacanes hachées, mais elles peuvent être omises. Réservez-les pour une occasion spéciale. Le sorbet est réalisé tout simplement au congélateur et ne nécessite pas de sorbetière.

225 g (½ lb) de pain complet, idéalement rassis
100 g (3 ½ oz) de fruits séchés mélangés (raisins de Corinthe, raisins secs ou raisins de Smyrne)
50 g (¼ de tasse) de cassonade dorée
50 g (2 oz) de suif
1 c. à thé (à café) d'épices mélangées
1 gros œuf, battu
Un peu de lait partiellement écrémé
300 g (10 oz) de pacanes, légèrement broyées (facultatif)
Sucre à glacer, au goût

Pour le sorbet
200 g (1 tasse) de sucre
250 ml (1 tasse) d'eau Evian
200 g (7 oz) de banane mûre, hachée
Le jus d'un demi-citron

Pour 6 personnes

Préparer d'abord le sorbet. Mettre le sucre et l'eau dans une grande casserole et porter à ébullition à feu doux pour bien dissoudre le sucre.

Retirer du feu et laisser tiédir. Ajouter les morceaux de banane et le jus de citron, transférer dans un contenant allant au congélateur et congeler environ 3 heures, jusqu'à ce que le sorbet soit pris sur son pourtour. Transférer le sorbet dans un petit mélangeur et réduire en purée lisse. Remettre au congélateur jusqu'à ce qu'il soit un peu pris, 2 à 2 ½ heures. Il sera alors prêt à utiliser.

Préchauffer le four à 170 °C/325 °F/gaz 3.

Couper ou déchiqueter le pain en petits morceaux et les mettre dans un bol. Ajouter de l'eau tout juste pour couvrir et laisser tremper 45 minutes. Essorer le pain autant que possible avec les mains, le mettre dans un bol, ajouter les fruits mélangés, la cassonade, le suif et les épices; bien mélanger. Ajouter l'œuf et suffisamment de lait pour que le mélange soit relativement mou.

Parsemer le fond d'un moule légèrement graissé de pacanes et y verser délicatement le mélange au pain. Faire cuire 1 à 1 ¼ heure, jusqu'à ce que le dessus doit bien doré; le pouding devrait être un peu ferme au toucher. Laisser tiédir avant de le retirer du moule.

Couper en petits carrés, saupoudrer de sucre à glacer et servir accompagné de sorbet à la banane

6 PORTIONS: 415 KCAL, 5,8 G PROTÉINES, 9,7 G GRAS, 0,6 G GRAS SATURÉS, 81,3 G GLUCIDES, 64,7 G SUCRE, 2,7 G FIBRES, 0,30 G SEL, 119 MG SODIUM

Clafoutis à l'ananas et aux raisins secs avec crème glacée au cari

Le clafoutis français traditionnel est réalisé avec des cerises sucrées – un vrai délice. N'importe quel fruit fait cependant l'affaire. Pour cette variante, j'ai utilisé de l'ananas. La crème glacée au cari se marie très bien à ce dessert chaud. Ne vous laissez pas rebuter par l'idée du cari, cette crème est absolument étonnante!

3 gros œufs
40 g (¼ de tasse) de sucre
1 c. à soupe de fécule de maïs
2 c. à soupe de poudre à crème pâtissière
400 ml (1 ½ tasse) de lait partiellement écrémé
1 c. à soupe d'amandes, broyées
100 g (3 ½ oz) de raisins secs,
  trempés dans l'eau tiède 30 minutes et égouttés
225 g (1 lb) d'ananas prêt-à-utiliser en gros morceaux

Pour la crème glacée
300 ml (1 ¼ tasse) de lait partiellement écrémé
1 c. à thé (à café) de poudre de cari douce
4 jaunes d'œufs
100 g (½ tasse) de sucre

Pour 4 personnes

Préparer d'abord la crème glacée. Porter à ébullition le lait et la poudre de cari dans une casserole. Retirer du feu et laisser tiédir. Dans un grand bol, fouetter les jaunes d'œufs et le sucre jusqu'à l'obtention d'une crème légère ayant doublé de volume. Y verser le lait tiédi, en fouettant continuellement, et laisser refroidir complètement, en remuant de temps à autre.

Lorsque le mélange est froid, verser dans une sorbetière et mettre au congélateur selon le mode d'emploi du fabricant. Congeler jusqu'au moment de servir.

Pour le clafoutis, préchauffer le four à 180 °C/350 °F/gaz 4. Mettre tous les ingrédients, sauf les raisins secs et l'ananas, dans un bol à mélanger et, à l'aide du mélangeur à main ou d'un fouet, fouetter jusqu'à l'obtention d'une pâte lisse. Incorporer les raisins secs et laisser la pâte reposer pendant 15 minutes.

Répartir les cubes d'ananas également dans les 4 plats de cuisson, et y verser la pâte sucrée.

Faire cuire 25 à 30 minutes jusqu'à ce que les clafoutis soient dorés. Laisser tiédir un peu. Couronner d'une boule de crème glacée au cari et servir. Si vous avez encore des doutes, une crème glacée à la vanille fait aussi très bien l'affaire!

4 PORTIONS: 497 KCAL, 17 G PROTÉINES, 16 G GRAS, 5,2 G GRAS SATURÉS, 75 G GLUCIDES, 68,1 G SUCRE, 1,6 G FIBRES, 0,48 G SEL, 189 MG SODIUM

Risotto sucré au fenouil

Du fenouil, dans un dessert? Vraiment? Essayez-le et vous verrez! Un dessert délicieux et différent à servir un peu chaud lorsque les soirées sont fraîches.

150 g (¾ de tasse) de riz pour risotto (arborio ou carnaroli)
1 c. à soupe de beurre doux (facultatif) ou 1 c. à soupe d'huile de colza
50 g (¼ de tasse) de sucre
1 bulbe de fenouil, paré et en petits dés
100 ml (3 ½ oz) de jus de poire frais ou du commerce
1 petite gousse de vanille, fendue, les graines retirées, ou 1 c. à thé (à café) d'extrait de vanille
600 ml (2 ⅓ tasses) de lait partiellement écrémé, chaud
50 g (2 oz) de raisins secs, trempés dans l'eau tiède 30 minutes et égouttés
½ à 1 poire, tranchée mince

Pour 4 personnes

Mettre le riz dans une casserole, bien couvrir d'eau bouillante, laisser mijoter 5 minutes, à découvert, et l'égoutter dans une passoire. Rincer à l'eau et réserver.

Dans une casserole à fond épais, faire chauffer le beurre. ou l'huile, et 1 c. à soupe comble du sucre. Lorsque le beurre est fondu, ajouter le fenouil et le faire attendrir et caraméliser à feu doux 10 à 12 minutes.

Ajouter le jus de poire, le reste du sucre, les graines de vanille et la gousse, ou l'extrait de vanille, et porter à ébullition. Ajouter le lait chaud et le riz blanchi, baisser le feu et laisser mijoter 20 minutes de plus, en remuant régulièrement, jusqu'à ce que le riz soit cuit, crémeux et encore un peu croquant.

Incorporer les raisins secs et répartir dans 4 bols. Garnir le dessus du risotto de fines tranches de poire et servir.

4 PORTIONS: 326 KCAL, 9 G PROTÉINES, 6 G GRAS, 1,8 G GRAS SATURÉS, 64 G GLUCIDES, 34,5 G SUCRE, 2,2 G FIBRES, 0,21 G SEL, 81 MG SODIUM

Fruits d'hiver au yogourt au safran

La teneur en potassium de la plupart des fruits séchés (sauf les pruneaux) est élevée; le potassium a l'effet opposé au sodium dans le corps et aide à faire baisser la pression artérielle.

300 ml (1 ¼ tasse) de jus d'orange
Le jus et le zeste d'un citron
1 bâton de cannelle
½ c. à thé (à café) de gingembre frais, haché
2 c. à soupe de miel
1 lime séchée, coupée en deux (facultatif)
400 g (4 oz) de fruits séchés prêts-à-manger (ex. pruneaux, abricots, figues)

Pour le yogourt au safran
125 ml (½ tasse) de yogourt nature faible en gras
Une généreuse pincée de safran
1 c. à thé (à café) de fécule de maïs
½ c. à thé (à café) de cardamome moulue

Pour 4 personnes

Faire d'abord chauffer le yogourt, le safran et la fécule de maïs dans une casserole jusqu'au point d'ébullition, en remuant continuellement. Faire cuire 1 minute, ajouter la cardamome et verser dans un bol. Laisser tiédir et réfrigérer jusqu'à 2 heures.

Mettre le jus d'orange, le jus et le zeste de citron, la cannelle, le gingembre, le miel et la lime séchée dans une casserole. Porter à ébullition, puis laisser mijoter 5 minutes. Ajouter les fruits séchés, porter de nouveau à ébullition, retirer du feu et laisser tiédir. Enlever les fruits du liquide et passer le liquide à travers un tamis. Remettre le liquide dans la casserole et le faire réduire en sirop à feu moyen.

Pour servir, réchauffer légèrement les fruits dans le sirop et répartir dans 4 plats de service. Mettre une généreuse cuillerée de yogourt au safran à côté des fruits et servir.

4 PORTIONS: 242 KCAL, 5 G PROTÉINES, 1 G GRAS, 0,2 G GRAS SATURÉS, 56 G GLUCIDES, 54,4 G SUCRE, 6,4 G FIBRES, 0,14 G SEL, 56 MG SODIUM

Crème brûlée à la vanille avec pruneaux à l'Armagnac

Ma variante de crème brûlée est plus santé et faite à partir de lait, mais la vanille et les pruneaux à l'Armagnac qu'elle renferme font qu'elle regorge de saveur. Les pruneaux sont meilleurs lorsqu'ils sont préparés bien d'avance.

Pour la crème brûlée

1 grosse gousse de vanille ou 1 c. à thé (à café) d'extrait de vanille
600 ml (2 1/3 tasses) de lait partiellement écrémé, plus 2 c. à soupe
2 c. à soupe de poudre à crème pâtissière
6 jaunes d'œufs
70 g (1/3 de tasse) de sucre
1 c. à soupe de sucre supplémentaire, pour dorer le dessus de la crème

Pour les pruneaux

2 c. à soupe de sirop d'érable
12 gros pruneaux, dénoyautés et prêts-à-manger
1 c. à soupe d'Armagnac

Pour 4 personnes

Pour les pruneaux, porter à ébullition le sirop d'érable et 100 ml (3 ½ oz) d'eau et laisser mijoter 5 minutes. Ajouter les pruneaux et laisser mijoter 5 minutes. Retirer du feu, ajouter l'Armagnac et laisser tiédir. Conserver dans un contenant hermétique au réfrigérateur. Ils s'y conserveront pendant une bonne semaine.

Pour la crème, à l'aide d'un petit couteau, gratter les graines de la gousse de vanille. Ajouter les graines ou l'extrait de vanille au lait dans une petite casserole, et porter doucement à ébullition. Mélanger la poudre à crème pâtissière avec les 2 c. à soupe de lait supplémentaire et incorporer en fouettant au lait chaud. Retirer du feu.

Dans un bol, battre ensemble les jaunes d'œufs et le sucre, et fouetter jusqu'à consistance légère. Fouetter lentement la crème pâtissière épaissie dans les œufs jusqu'à l'obtention d'une crème lisse et crémeuse.

Remettre la crème à feu doux et faire cuire jusqu'à ce qu'elle atteigne 78 °C (ne pas laisser bouillir ou cailler). Retirer du feu et passer à travers un tamis fin. Laisser tiédir. Verser dans 4 plats à gratin, réfrigérer 2 à 3 heures pour permettre à la crème de prendre.

Pour servir, sortir du réfrigérateur, saupoudrer généreusement de sucre et à l'aide d'un chalumeau de cuisine, ou sous le gril du four préchauffé, faire dorer le sucre.

Laisser tiédir 2 minutes et servir accompagné de pruneaux à l'Armagnac.

4 PORTIONS: 373 KCAL, 12 G PROTÉINES, 13 G GRAS, 4,4 G GRAS SATURÉS, 54 G GLUCIDES, 48,6 G SUCRE, 2,1 G FIBRES, 0,27 G SEL, 107 MG SODIUM

Pommes au four farcies avec yogourt vanille-cardamome

Lorsque j'étais enfant, les pommes au four faisaient souvent partie de nos choix de dessert. De nos jours, nous disposons d'un si grand choix de fruits qu'elles n'ont plus autant la cote.

4 pommes rainettes ou Golden Delicious
75 g (3 oz) de dattes, hachées grossièrement
2 c. à soupe d'amandes effilées
2 c. à soupe de pistaches, écalées
1 c. à soupe de cassonade
Le jus d'un demi-citron

Pour le yogourt vanille-cardamome
125 ml (½ tasse) de yogourt nature faible en gras
1 gousse de vanille fendue, les graines grattées ou 1 c. à thé (à café) d'extrait de vanille
½ c. à thé (à café) de cardamome moulue
1 c. à soupe de sirop d'érable
Une pincée de cannelle moulue

Pour 4 personnes

Préchauffer le four à 180 °C/350 °F/gaz 4. Évider les pommes en veillant à ce qu'il n'y ait aucun pépin ni trace du cœur. Le centre des pommes doit être tout à fait propre.

Dans un bol, mélanger le reste des ingrédients et farcir le centre de chaque pomme avec ce mélange, en enfonçant fermement pour qu'il soit bien plein. Mettre les pommes dans une rôtissoire légèrement graissée.

Mettre 1 c. à soupe d'eau chaude sur chaque pomme, et les faire cuire 30 à 35 minutes jusqu'à ce qu'elles soient tendres.

Entre-temps, mélanger tous les ingrédients pour le yogourt vanille-cardamome dans un bol. Réfrigérer jusqu'au moment de servir.

Servir les pommes chaudes nappées de sauce au yogourt.

4 PORTIONS: 447 KCAL, 8 G PROTÉINES, 18 G GRAS, 2,6 G GRAS SATURÉS, 67 G GLUCIDES, 46, G SUCRE, 9,8 G FIBRES, 0,31 G SEL, 122 MG SODIUM

Oranges à l'orientale avec amandes pralinées

Lorsque la saison des oranges sanguines arrive, je m'en sers souvent pour préparer ce dessert – leur couleur est tellement impressionnante.

4 oranges moyennement grosses sucrées et juteuses
50 ml de sirop d'érable
1 tige de citronnelle, l'enveloppe extérieure enlevée, l'intérieur haché
½ c. à thé (à café) de chili rouge, haché
2 graines d'anis étoilé
4 fruits de la passion, coupés en deux,
jus et graines réservés
1 petit morceau de gingembre confit, haché finement, et 1 c. à thé (à café) de sirop du pot

Pour le pralin
150 g (¾ de tasse) de sucre
60 g (2 oz) d'amandes effilées
Graines des fruits de la passion (voir ci-dessus)

Pour 4 personnes

Pour le pralin, mettre le sucre et 3 c. à soupe d'eau dans une petite casserole à fond épais et faire cuire à feu doux jusqu'à ce que le sucre soit dissous. Sans remuer, porter à ébullition jusqu'à ce que le sucre caramélise. Retirer du feu, incorporer les amandes et les graines des fruits de la passion en remuant. Verser dans un petit plat de cuisson tapissé de papier ingraissable et laisser durcir. Casser en gros morceaux et réserver.

Prélever une fine couche du zeste d'une orange, et peler toutes les oranges et les couper en tranches épaisses. Mettre le sirop d'érable, la citronnelle, le chili, l'anis étoilé, le zeste d'orange et 150 ml (⅝ de tasse) d'eau dans une casserole; laisser mijoter 5 minutes. Retirer du feu et ajouter le jus des fruits de la passion, le gingembre haché et le sirop.

Disposer les tranches d'orange dans un plat profond, empilées les unes sur les autres, les arroser avec le sirop et réfrigérer jusqu'au moment de servir. Couronner les oranges des amandes pralinées et servir froides.

4 PORTIONS: 303 KCAL, 4 G PROTÉINES, 9 G GRAS, 0,6 G GRAS SATURÉS, 56 G GLUCIDES, 54,4 G SUCRE, 2,3 G FIBRES, 0.33 G SEL, 11 MG SODIUM

Coupe aux baies sauvages

Réalisée avec du yogourt faible en gras, ce dessert est aussi délicieux que rafraîchissant.

100 g (1 ½ tasse) de flocons d'avoine
275 ml (1 ¼ tasse) de yogourt nature faible en gras
1 c. à soupe de confiture de framboises réduite en sucre
1 c. à thé (à café) d'extrait de vanille
1 c. à soupe de miel
1 c. à soupe de whisky
300 g (10 oz) de petits fruits mélangés tels que bleuets (myrtilles, mûres, framboises)

Pour 4 personnes

Mettre les flocons d'avoine dans une poêle antiadhésive chaude, et faire chauffer 1 minute jusqu'à ce qu'ils soient légèrement dorés (ou étaler les flocons sur une plaque à biscuits et faire griller sous un gril préchauffé).

Dans un bol, mélanger le yogourt, la confiture, la vanille, le miel et le whisky. Écraser légèrement 225 g (½ lb) des fruits dans un bol, et incorporer délicatement le mélange au yogourt. Ajouter les flocons d'avoine rôtis (en réserver quelques-uns pour parsemer sur le dessus) en pliant. Utiliser une cuiller en métal pour créer un effet d'ondulation.

Transférer dans de grands verres, garnir avec le reste des petits fruits, parsemer avec le reste des flocons et servir.

4 PORTIONS: 180 KCAL, 8 G PROTÉINES, 3 G GRAS, 0,7 G GRAS SATURÉS, 31 G GLUCIDES, 14 G SUCRE, 4,5 G FIBRES, 0,12 G SEL, 48 MG SODIUM

Bases de bouillon

Vous aurez remarqué que j'utilise de grandes quantités de bouillons faits maison dans mes recettes. Il y a deux raisons pour cela: tout d'abord, les cubes de bouillon du commerce sont plutôt salés, ce qui ne vous aide pas à réduire votre consommation de sel. Ensuite, les bouillons faits maison ont meilleur goût, et améliorent largement la saveur des plats que vous préparez.

Il existe tout de même des bouillons relativement de bonne qualité du commerce offerts en sachets, mais assurez-vous de toujours chercher ceux dont la teneur en sel est réduite. Si vous avez malgré tout l'intention d'utiliser des cubes, je vous suggère d'utiliser seulement la moitié d'un cube pour 600 ml (2 ⅓ tasses) de liquide.

Les bouillons faits maison nécessitent très peu de temps et d'effort, et peuvent être préparés d'avance, gardés au réfrigérateur dans un contenant hermétique pendant 4 jours ou au congélateur jusqu'à 3 mois, en petites quantités.

Bouillon de poulet

2 kg (4 ½ lb) d'os de poulet
2 oignons moyens, hachés
2 branches de céleri, hachées
1 feuille de laurier
2 carottes moyennes, hachées
2 c. à thé (à café) de grains de poivre noir
5 litres (20 tasses) d'eau

Mélanger tous les ingrédients dans une grande casserole, porter à ébullition, laisser mijoter pendant 2 heures en écumant les impuretés qui montent à la surface. Passer au tamis. Donne 2,5 litres (10 tasses).

Bouillon de poulet réduit

Pour ce qui est du bouillon de poulet réduit, faire d'abord rôtir tous les ingrédients secs au four 30 minutes avec 1 c. à soupe de purée de tomates, jusqu'à ce qu'ils soient dorés. Enlever tout surplus de gras et faire mijoter dans une casserole pendant 2 heures avant de passer au tamis.

Mettre dans une casserole, porter à ébullition et laisser mijoter jusqu'à ce que le liquide ait réduit de moitié. Donne 1,5 litre (6 tasses). La saveur de ce bouillon sera plus intense et complexe; il sert surtout comme base pour des sauces.

Fumet de poisson

1,5 kg (3 lb) d'arêtes de poisson
1 oignon moyen, haché
2 branches de céleri, hachées
1 feuille de laurier
½ c. à thé (à café) de grains de poivre noir
4 litres (16 tasses) d'eau

Mélanger tous les ingrédients dans une grande casserole et porter à ébullition. Laisser mijoter à découvert pendant 20 minutes, en écumant les impuretés qui montent à la surface; passer au tamis. Donne 2,5 litres (10 tasses).

Bouillon de légumes

1 grosse carotte hachée
1 gros panais haché
2 oignons moyens hachés
2 carottes moyennes hachées
2 branches de céleri hachées
1 feuille de laurier
1 c. à thé (à café) de grains de poivre noir
4 litres (16 tasses) d'eau

Mélanger tous les ingrédients dans une grande casserole, porter à ébullition, laisser mijoter à découvert pendant 1 heure et passer au tamis. Donne 2,5 litres (10 tasses).

Index

Remerciements

Travailler à la réalisation de ce livre a été à la fois un défi culinaire fort agréable et une expérience très enrichissante. Le livre a aussi grandement bénéficié de l'appui de Gemma Heiser. Merci Gemma pour ta contribution et ton appui.

Mes plus sincères remerciements à Linda Tubby et à Will Heap pour votre enthousiasme, votre passion et votre engagement sans bornes.

Je souhaite également remercier Wendy Doyle pour son analyse nutritionnelle, Roisin Nield pour sa mise en place exceptionnelle, Geoff Hayes pour la conception et Gemma John, pour avoir veillé à la production du projet. Tous mes remerciements vont aussi à Lara Mand qui a contribué à créer la structure des recettes.

Et, en dernier lieu, je souhaite remercier vivement Judith Hannam, rédactrice en chef, et Vicki Murrel, adjointe à la rédaction, pour leur précieux appui et leur amitié. Travailler en collaboration avec vous deux a été un pur plaisir du début à la fin et je vous suis très reconnaissant.